창의력과 호기심 발달을 위한

과학개념을 익히는
몬테소리
자연놀이

The Montessori Book of Science and Nature

Conceived and produced by Elwin Street Productions
Copyright © Elwin Street Limited 2022
10 Elwin Street
London, E2 7BU
UK

창의력과 호기심 발달을 위한

과학개념을 익히는
몬테소리
자연놀이

마자 피타믹 지음 · 오광일 옮김

유아이북스

몬테소리에 대하여

마리아 몬테소리(Maria Montessori)는 1870년에 로마에서 태어났습니다. 이후에 로마대학교에서 의학을 공부하였지요. 1907년에 슬럼가의 아이들을 위한 첫 번째 어린이집을 열었고, 바로 이곳에서 오늘날 세계적으로 유명해진 몬테소리 교육법이 시작되었습니다. 몬테소리는 아이들의 자존감을 높이기 위해서는 아동 중심의 환경에서 이루어지는 학습이 중요하다고 믿었으며, 이 믿음은 아주 혁신적이었습니다. 오늘날, 몬테소리 학교뿐 아니라 모든 학교에서 아동 중심의 환경이 아이들의 발달에 미치는 역할을 인정하고 있지요.

마리아 몬테소리는 아이들을 관찰하면서 아이디어를 얻었으며, 본인이 어떤 교육법을 만들어 낸 것은 아니라고 합니다. 몬테소리의 교육 원리는 스스로 서고, 질서를 유지하고, 존중받고, 학습에서 즐거움을 찾고, 사실과 허구를 발견하고 싶은 욕구 등 아이의 '필요'에 기초합니다. 이러한 욕구들은 1909년 처음 관찰되었을 때와 마찬가지로, 여전히 중요하게 다루어지며 아이들의 학습과 깊은 관련이 있어요.

이 책을 읽기 전에…

4장으로 구성된 이 책은 아이들에게 자연과 기본적인 과학 원리를 소개합니다. 통일성 있는 주제들이 여러 장에서 반복되는데, 중요한 정보를 다양한 방식으로 짜임새 있게 전달하고 있어요. 아이들은 자신들을 둘러싸고 있는 자연환경을 관찰하고 자연을 이해할 수 있도록 도와주는 활동들을 수행합니다.

균형, 밀도, 자성(magnetism), 마찰, 화학 반응과 같은 주요한 과학적 개념도 소개하고 있어요. 재미있는 활동과 실험들을 통해 아이들의 지식과 경험을 더욱 확장시켜 줄 수 있답니다.

경험을 통해 배우는 것이 몬테소리 교육의 핵심 원리입니다. 하지만 집 안을 통째로 몬테소리 교실처럼 만들 필요는 없으니 안심하세요. 약간의 재료만 준비하면, 이 책에서 소개하는 활동들을 할 수 있습니다. 교육에 대한 전문 지식이 없어서 걱정이라면, 그 부분도 걱정하지 마세요! 다음 설명을 잘 읽어 보면 아이들과 활동할 때 반드시 유념해야 할 점들을 미리 알 수 있으니까요.

- 모든 활동은 성별과 관계없이 아이들에게 적합하기 때문에 '남자아이'와 '여자아이'를 구분하지 않을게요.

- 아이가 편안하고 안전하게 활동할 수 있는지 부모님이 주변 환경을 잘 점검해 주세요.

- 아이가 부모님의 시범을 확실하게 볼 수 있도록 아이를 여러분의 왼쪽에 앉히는 것이 좋습니다. 아이가 왼손잡이라면 여러분의 오른쪽에 앉히는 게 좋아요.

- 일관성을 위해 부모님은 오른손을 사용하는 것이 좋지만, 아이가 왼손잡이라면 왼손을 사용하는 것을 권합니다.

- 많은 활동이 쟁반 위에서 하게 되어 있습니다. 아이를 위한 놀이 공간이지요. 아이의 주의가 산만해지지 않도록 무늬가 없는 쟁반을 사용하는 것이 좋아요.

- 필요한 재료는 미리 준비해 주세요. 활동 중에 재료가 없으면 아이가 불편함을 느낄 거예요. 그런 활동이라면 의미가 없지요.

- 정리 정돈을 하면서 활동을 이끌어 주세요. 잘 정돈된 방식으로 재료를 준비하면 아이에게 질서 의식을 심어 줄 수 있습니다.

- 재료를 놀이 공간으로 가져오고, 활동이 끝나면 제자리에 가져다 놓아야 한다는 것을 강조해 주세요. 이렇게 하면 '활동 주기'가 형성되고, 아이는 주어진 일에 집중할 수 있게 됩니다.

- 활동의 목표를 명확히 알아 두기 위해, 연습 내용을 꼭 먼저 읽도록 해요.

◆ 아이가 활동하는 동안 부모님은 간섭하지 말고 뒤로 물러 앉아서 관찰하세요.

◆ 상황을 부정적으로 바라보지 않도록 노력하세요. 아이가 활동을 잘 해내지 못하면 나중에 다시 시도할 수 있도록 기록해 둡니다.

◆ 아이가 한 가지 활동을 반복하고 싶어 한다면, 하고 싶은 횟수만큼 하도록 두세요. 아이는 반복을 통해서 학습할 수 있답니다.

◆ 공간의 여유가 있다면 아이를 위한 활동 구역을 마련하는 게 좋아요. 어떤 활동이 끝났을 때, 재료나 도구를 안전한 곳에 두면 아이가 원할 때 다시 시작할 수 있어요.

◆ 만약 아이가 어떤 재료를 함부로 사용한다면 그 활동은 즉시 멈추도록 하세요. 아이에게 이러한 행동을 하면 안 된다는 것을 깨닫게 해 줍니다. 중단한 활동은 나중에 다시 진행할 수 있어요.

◆ 부모님은 항상 아이의 롤 모델이고, 아이는 부모님의 행동을 본보기로 삼는다는 것을 명심해 주세요.

일러두기 ─────

원문의 내용을 최대한 살려 번역했지만, 문화나 지역 차이상 이해하기 어려운 부분이나 형식은 저작자의 의도를 해치지 않는 선에서 우리 실정에 맞추어 옮겼음을 밝힙니다.

자주 하는 질문

활동에 나이 제한이 있나요?

이 책에서 소개하는 활동들은 아이의 나이를 정해 두지 않아요. 아이가 특정 활동을 하고 싶어 하지 않을 경우 부모님 입장에서는 혼란스러울 수도 있기 때문입니다. 아이들은 각각 서로 다른 장단점을 가지고 있는 개별적인 존재입니다. 배움의 모든 영역에서 자신감을 갖는 아이는 매우 드물지요.

아이의 나이와 관계없이 1장부터 시작하는 것은 좋은 생각입니다. 이 책에 소개된 활동들은 주변 자연환경에 초점을 맞추고 있어, 아이는 주변에서 무슨 일이 일어나고 있는지 관찰할 수 있어요. 이런 활동들은 각 장에서 가장 쉬운 것들 부터, 점진적으로 어렵거나 복잡한 활동으로 진행됩니다. 많은 활동이 아이의 관찰력 발달과 관련이 있고, 아주 어린 아이나 연령이 높은 아이들을 위한 팁이 포함된 활동들도 있어요.

아이가 활동을 어려워하면 어떻게 하나요?

아이가 어떤 활동을 어려워하고 혼란스러운 것처럼 보인다면, 그 활동을 할 수 있는 준비가 되지 않았을 가능성이 높아요. 우선 여러분이 그 활동의 목적을 완벽하게 이해했는지 생각해 보세요. 또한, 여러분의 시범이 아이가 쉽게 이해할 수 있을 정도로 천천히 그리고 분명하게 진행되었는지도 살펴봐야겠지요.

하루 중 어느 시간이 활동을 하기에 가장 좋을까요?

어른과 마찬가지로 아이들에게도 하루 중에 활동에 있어 효율성이 좋은 시간대가 있습니다. 대다수 아이에게 오전 시간이 그렇습니다. 그러니 비교적 어려운 활동은 오전에 하는 것이 바람직하겠지요. 그 밖의 활동들은 어느 때라도 괜찮습니다. 하지만 오후 늦게 활동을 시작하는 것은 권하지 않습니다.

차례

1장
신나는 자연 놀이

2장
탐구하는 과학 놀이

3장
즐거운 만들기 놀이

4장
성장하는 식물 놀이

부록
안전 규칙과 워크시트

1장

신나는
자연 놀이

아이의 타고난 호기심을 사로잡기에 자연보다 더 좋은 곳이 어디에 있을까요? 아주 작은 곤충부터 아주 큰 나무까지 모든 것들을 관찰하는 활동들은 아이를 흥미진진한 자연의 세계로 초대할 것입니다. 아이는 감각 기관을 통해 주변의 모든 색깔과 질감을 느낄 수 있고, 들판이나 숲 혹은 물에 서식하고 있는 야생 동물들을 찾아냅니다. 날씨를 자세히 살펴볼 수도 있어요.

알록달록 자연의 색

어떤 환경에서든 아이들은 색깔에 흥미를 가집니다. 탐색 놀이를 하면서 아이에게 자연 속에서 찾을 수 있는 다양한 색깔들을 소개해 줄 수 있어요. 놀이를 하면서 각 색깔의 이름을 배우고, 색깔을 구별하는 능력을 발달시킬 수 있지요.

준비물

- □ 가로 4cm, 세로 4cm 정도 크기의 정사각형 색종이 6장 (갈색, 빨간색, 주황색, 녹색 등 야외에서 쉽게 찾을 수 있는 색깔이 좋아요.)
- □ 카드보드지 또는 빳빳한 종이 (가로 30cm x 세로 20cm)
- □ 딱풀
- □ 양면테이프
- □ 가위

활동 방법

① 색종이에 풀칠을 하고 카드보드지 위에 3장씩 2줄로 배열하여 붙입니다. 카드보드지 전체 면적을 잘 활용해서 동일한 간격을 유지하여 배열하세요.

② 각각의 색종이 옆에 색종이와 비슷한 길이로 양면테이프를 붙입니다. 지금 단계에서는 테이프 위에 붙어있는 스티커 이형지는 떼지 말고 그대로 두세요.

③ 색종이를 붙인 카드보드지를 들고 야외로 나갑니다. 아이에게 색깔 맞추기 놀이를 할 거라고 이야기해 주세요.

④ 한 가지 색깔을 골라야 해요. 아이에게 주변에 있는 식물이나 나무 중에서 해당하는 색깔을 찾아보게 하세요. 아이가 그 색을 찾으면 아주 작은 조각으로 필요한 만큼만 떼어 오게 해요. 카

드보드지 위에 붙여야 하니까요.

⑤ 아이에게 카드보드지를 주고 첫 번째 색깔을 찾아보게 합니다. 처음에는 일치하지 않는 색을 고르는 것부터 시작합니다. 식물 조각을 색종이 옆에 놓으면서 "색깔이 다르네"라고 말해 줍니다. 이렇게 하다 보면 아이는 사각형 색종이와 색깔이 같은 사물을 찾아야 한다는 것을 이해하게 됩니다.

⑥ 색이 같은 사물을 찾으면 어떻게 테이프의 이형지를 벗겨 내고 테이프 위에 붙이는지 아이에게 보여주세요.

⑦ 색깔을 모두 맞추었으면 색깔 맞추기 놀이를 아주 잘했다고 말해 주세요. 그러고 나서 아이가 가져온 모든 사물과 색깔들을 다시 확인해 봅니다. 예를 들어, 이렇게 말하면서요. "우리가 빨간색 잎을 찾았구나."

(TIP)

색깔의 수를 줄여서 더 쉽게 시작할 수 있어요. 예를 들면, 색깔 3개를 맞추는 활동으로 시작해서 6개로 색깔의 수를 늘려 가 보세요.

더 나아가기

아이에게 자신감이 생기면 스스로 주변을 탐색하고 찾은 것을 보여 주게 하세요. 이 놀이는 색깔에 변화를 주면서 반복할 수 있어요. 예를 들어, 계절의 변화를 나타내는 색깔들로 색상판을 만들어 보세요.

손으로 만져 봐요

이번 활동은 정원이나 공원에서 다양한 질감의 사물들을 찾아내는 놀이예요. 이 활동을 통해 아이의 촉각이 발달할 수 있습니다.

장소 및 준비물

☐ 정원 또는 공원

☐ 아이가 쉽게 구별할 수 있는 다양한
　촉감의 자연 사물들

☐ 작은 그릇

활동 방법

① 이 활동은 먼저 정원이나 공원에서 나뭇잎, 작은 돌, 나무껍질, 나뭇가지, 깃털, 꽃잎, 풀 등 다양한 사물을 수집하고 시작합니다. 수집한 사물들을 그릇에 담아요. 사물을 수집하는 단계에

서는 아이가 돕지 않게 하세요. 그래
야 찾기 활동을 할 때 더 흥미진진
해 합니다.

② 아이에게 그릇에 있는 사물 중에서
하나를 선택하게 합니다.

③ 정원(공원) 안 어디에 그 사물이 있는지 찾
아보게 합니다.

④ 아이는 선택한 사물을 손에 들고 나무껍질, 풀 같은 것들의 촉
감과 비교하면서 정원을 걷습니다. 그러다 보면 촉각을 이용하
여 사물을 찾아야 한다고 생각하게 됩니다.

⑤ 아이가 촉감이 일치하는 것을 찾으면 일치하는 사물과 함께 내
려놓게 합니다.

TIP

사물의 수를 3개로 시작하고, 놀이를 반복하면서 6개까지 늘려 보세요.
일치하는 사물은 아이와 멀지 않은 곳에 있어야 해요. 약간의 속임수를
사용하더라도 아이가 쉽게 접근할 수 있게 놓습니다.

더 나아가기

모래부터 바위, 조개껍데기까지…. 바닷가는 아이가 다양한
촉감을 탐색할 수 있는 재미있는 장소입니다.

3

저 나무는 몇 살일까?

기후 변화와 지구의 건강에 대한 걱정이 커지는 지금과 같은 시대에는 아이들이 나무의 역할에 대해 배우는 것도 중요합니다. 아이들과 함께 재미있는 활동을 하면서 나무의 정보와 나무가 지구를 위해 하는 일에 관해 이야기해 볼 수도 있어요. 예를 들면 공기를 깨끗하게 하는 것, 동물들에게 먹이와 안식처를 제공하는 것과 같은 이야기들이지요. 아이들은 지구에서 가장 오래된 나무의 나이가 5000살이 넘는다는 사실을 들으면 깜짝 놀랄 거예요.

장소 및 준비물

☐ 줄자

☐ 나무가 있는 야외 공간

활동 방법

① 아이와 함께 밖으로 나가면 아이의 관심을 주변에 있는 나무들로 이끕니다. 아이에게 나무에 대해 무엇을 아는지 물어보세요.

② 특히 키가 크고 둘레가 넓은 나무를 찾아보세요. 아이에게 저 큰 나무는 100년 또는 그보다 더 오랫동안 저 자리에 있었을 거라고 말해 주세요. 나이가 많은 나무는 대개 키도 크고 몸통의 둘레도 더 넓다고 설명해 주세요.

③ 아이가 나무의 둘레를 측정할 수 있게 도와주세요. 부모가 줄자의 한쪽 끝을 잡은 채로 나무 바로 옆 어느 한 곳에 서 있고, 아이가 나무 둘레를 걸으면서 줄자로 나무 기둥을 감싸면 재미있을 거예요.

④ 나무 둘레의 길이를 측정했으면 나무는 1년에 대략 2.5cm씩 자란다고 설명해 주세요. 측정된 길이를 이 숫자(2.5)로 나누면 나무가 몇 살인지 계산할 수 있습니다. 나무의 종에 따라 다르지만, 아이에게 나무의 나이에 대한 개념을 알려 주기에는 충분히 좋은 방법이에요.

⑤ 잘린 나무 그루터기를 발견하면 아이를 불러서 잘린 면의 가운데에서부터 퍼져 있는 고리 무늬들(나이테)을 자세히 보게 하세요. 각각의 고리는 나무가 1년 동안 성장한 결과라는 것을 설명해 줍니다. 고리의 수를 셀 수 있다면 나무의 대략적인 나이를 알 수 있어요.

⑥ 우연히 소나무나 전나무를 보게 되면 나뭇가지에 있는 '윤생'의 수를 세어 보세요. 윤생은 나무줄기에서 여러 개의 나뭇가지가 방사형으로 뻗어나가는 것으로, 땅에서 거의 일정한 높이로 생깁니다. 각 윤생은 1년간의 성장을 나타내지요.

야생 동물아, 안녕?

어린아이들은 정원과 야외 공간에 사는 작은 생물들에게 끝없이 마음을 뺏깁니다. 아이와 함께 야외에서 시간을 보낼 기회가 있다면, 아이 주변에 있는 야생 동물들을 주의 깊게 살펴보게 하고 얼마나 많은 동물을 찾아낼 수 있는지 보세요.

장소 및 준비물

□ 우연히 마주치기 쉬운 동물들의 사진들 (예시: 새, 청설모, 개, 고양이 등)

□ 공책

□ 볼펜

□ 쌍안경

□ 다양한 동물들이 살고 있는 야외 공간

활동 방법

① 활동을 시작하기 전에 아이에게 동물 사진 4~5장을 보여 주세요. 보여 준 사진 중에서 아이가 얼마나 많은 동물을 구별하는지 보세요. 그러고 나서 그 동물들을 자연에서 발견할 수 있는 장소에 대해 이야기해 보세요. 예를 들면 새와 청설모는 나무에서 찾기 쉽고, 고양이는 숲길에서 마주칠 수 있지요.

② 부모는 동물들의 이름을 공책에 적으면서, 동물들의 이름을 아이가 잘 살펴볼 수 있게 합니다. 그러고 나서 동물들 사진과 공책을 가지고 야외로 나가세요. 탐험 활동을 하는 동안 가방이나 주머니에 사진들과 공책을 가지고 다녀야 해요.

③ 사진으로 보여 준 동물들과 마주칠 가능성이 있는 곳으로 아이를 유도하고, 아이가 무엇을 찾아낼 수 있는지 보세요. 멀리 떨어져 있는 동물들을 좀 더 자세히 관찰할 때는 쌍안경을 사용해 보세요.

④ 아이가 동물을 발견할 때마다 부모는 공책을 꺼내서 아이가 찾아낸 동물의 이름을 명확하게 발음하면서 보여 주세요. 그리고 아이에게 펜을 건네주세요. 아이가 펜으로 동물의 이름 옆에 가위표나 체크 표시를 하게 합니다.

⑤ 아이가 동물의 이름을 잘 기억하지 못하면 아이에게 동물 사진을 다시 한번 보여 주세요. 아이가 동물의 이름을 떠올릴 수 있게 도와줄 거예요.

더 나아가기

집에 돌아오면 동물 사진들을 깨끗한 종이나 자연 일기장 (133쪽 참고) 안에 붙이세요. 각 사진에 동물의 이름도 함께 적어 두세요. 어느 정도 자란 아이들은 이런 기록 활동을 직접 할 수도 있습니다.

5

길 따라 보물찾기

....

아이들은 흔적을 따라가는 것을 아주 좋아합니다. 특히 그 끝에 보물이 있다는 것을 알면 말이지요. 이 놀이는 여러 명이 함께할 수도 있어요. 아이보다 연령이 높은 형제자매가 함께하기에 아주 좋은 놀이이기도 합니다. 걷는 것을 별로 좋아하지 않는 아이들도 흔적을 쫓는 활동에 흠뻑 빠져서, 운동을 하고 있다는 사실을 깨닫지 못할 거예요.

장소 및 준비물

□ 야외 공간

□ 분필 또는 밀가루

□ 보물 (예시: 스티커, 비스킷, 초콜릿 동전 등)

활동 방법

① 놀이를 위한 야외 공간을 정합니다. 넓은 정원, 공원, 숲 등 어디든 좋아요.

② 길 위에 분필로 커다란 화살표를 그려 따라갈 흔적을 표시합니다. 화살표를 그릴 공간이 없다면 밀가루를 조금씩 뿌려서 흔적을 남겨 주세요. 30분 정도 걸을 수 있는 거리가 좋아요.

③ 아이들에게 하얀색 화살표가 표시된(혹은 밀가루가 뿌려져 있는) 흔적을 따라가라고 설명해 주세요.

④ 여러 명의 아이와 이 놀이를 한다면 잠시 쉬어 가는 곳들이 필요해요. 아이들이 뒤처지지 않고 모두 함께 움직일 수 있도록 해야 하니까요.

⑤ 흔적을 따라가는 길 끝에 도착하면 아이들에게 보물을 주세요. 놀이를 끝까지 함께한 것에 대한 보상입니다. 멋진 스티커부터 아이들이 좋아하는 비스킷까지 무엇이든 괜찮아요. 초콜릿 동전을 숨겨 놓는 것도 좋겠네요.

（TIP）

분필로 그린 화살표나 밀가루를 뿌려 만든 흔적들이 아이의 눈높이에서 명확하게 보이는지 꼭 확인하세요.
아이들이 흔적을 따라가는 동안 부모보다 너무 멀리 앞서 달려가지 않게 하세요. 아이들은 항상 부모의 시야 안에 있어야 합니다.

끈적끈적 아기 다람쥐

이번에는 아이들의 다양한 능력을 재미있게 활용할 수 있는 놀이를 소개할게요. 이 활동은 《아기 다람쥐 스탠리Stanley the Squirrel》라는 동화책의 캐릭터를 활용한 놀이예요. 스탠리는 '찍찍이'라는 별명으로 불리기도 해요. 찍찍이의 이야기를 통해 아이들은 다람쥐와 다람쥐가 사는 곳에 대해 배우게 될 거예요. 이 활동은 보물찾기 놀이로 마무리할 수 있습니다.

준비물

☐ 다람쥐 워크시트 (250쪽에 있는 워크시트 1을 복사해서 사용하세요.)

☐ 어린이용 가위

☐ 성인용 가위

☐ 색연필, 크레용, 또는 색 사인펜

☐ 정원 또는 공원

☐ 양면테이프

☐ 자연에서 구할 수 있는 물건들 (예시: 나뭇잎, 작은 나뭇가지)

이야기를 시작하기 전에 찍찍이(다람쥐 워크시트)를 오려 내야 해요. 아이가 가위를 사용할 수 있다면 직접 하게 해도 좋아요. 아이에게 다람쥐 워크시트에 색을 칠한 후 윗부분에 다람쥐의 이름을 적어 보라고 하세요. 예를 들면 '아기 다람쥐 찍찍이'처럼 말이에요. 이제 아기 다람쥐 찍찍이가 어떻게 찍찍이가 되었는지 이야기를 시작할 준비가 되었네요.

아기 다람쥐 스탠리는 어떻게 찍찍이가 되었을까?

옛날에 아기 다람쥐 한 마리가 살았어요. 아기 다람쥐의 이름은 스탠리였어요. 호기심이 많은 다람쥐인 스탠리는 숲속 구석구석 돌아다니는 것을 무척 좋아했답니다. 아주 높은 나무 꼭대기에 올라가기도 하고, 깊은 구덩이까지 내려가기도 하고, 가을 낙엽 더미 아래로 파고들기도 했지요. 스탠리가 가 보지 못한 곳은 없었답니다.

그러던 어느 날, 맛있고 달콤한 냄새가 부드러운 산들바람을 타고 날아왔어요. 스탠리가 바람을 따라갔더니 벌집이 기다리고 있었어요. 이 맛있는 냄새는 바로 꿀에서 날아온 것이었어요.

스탠리는 벌에 쏘일 수도 있다는 것을 알고 있었어요. 그래서 벌들이 꿀을 모으러 멀리 날아갈 때까지 기다렸답니다. 그러고는 벌집으로 달려가서 꿀 덩어리를 들고 재빠르게 달아났어요. 스탠리는 꿀 덩어리를 가지고 가장 좋아하는 나무 위로 올라갔어요.

그런데, 안타깝게도 스탠리는 먹을 때 여기저기 묻히면서 먹는 버릇이 있었어요. 꿀을 많이 먹을수록 머리끝에서 꼬리 끝까지 꿀

이 온몸에 덕지덕지 묻었어요. 스탠리는 온몸에 묻은 꿀을 없앨 수 없었어요. 가는 곳마다 나뭇잎, 나뭇가지, 깃털 같은 것들이 온몸에 달라붙었답니다. 그래서 스탠리는 끈적끈적한 찍찍이라는 별명으로 불리게 되었답니다.

활동 방법

① 다람쥐 그림을 가지고 바깥으로 나갑니다.

② 다람쥐 그림을 바닥에 펼쳐 놓고, 마치 다람쥐가 된 것처럼 아이와 함께 손을 비벼 보세요. 지금은 '아기 다람쥐 스탠리'이지만, 이제 곧 '끈적끈적 다람쥐 찍찍이'로 변할 거라고 설명해 주세요.

③ 양면테이프를 잘라 내어 다람쥐 위에 붙여 주세요.

④ 이형지를 떼어내고 아이에게 테이프 면을 만져보게 해요. 이제 아이는 스탠리가 끈적끈적해졌다는 것을 알게 됩니다.

⑤ 아이에게 작은 물건들을 가져와서 끈적끈적 다람쥐 찍찍이에게 붙여 보게 해요.

TIP

다람쥐 그림에 붙일 수 있는 다양한 물건을 준비하게 해요.

작고 가벼운 물건이어야 합니다.

이 놀이는 식물과 같은 생물체를 꺾거나 따지 말라고 가르칠 수 있는 좋은 기회입니다.

야외 공간에 가시가 있는 식물이나 날카로운 물건들이 없는지 꼭 확인해 보세요.

스파이가 되어요

이번에는 살펴보고 관찰하는 놀이를 소개할게요. 자연 활동을 마치고 집으로 오는 길에 다리의 피곤함을 잊게 해 주는 효과는 덤이에요. 아이와 밖에 있는 동안에 아이가 작은 자연물들을 자세하게 살펴볼 수 있게 하는 것이 기본 개념입니다. 다양한 방식으로 해 볼 수 있어요. 아이의 나이에 맞게 변형할 수도 있습니다. 어린 아이들에게는 더 쉬운 방식으로 하고, 연령대가 높은 아이들에게는 조금 더 어렵게 해 볼 수 있어요. 여기 몇 가지 예시가 있습니다.

활동 방법

① 걷고 있는 길 위에 나무가 몇 그루 있는지 아이에게 물어보세요.

② 걷는 동안에 눈에 보이는 야생 동물을 손으로 가리켜 보라고 하세요. 새, 다람쥐, 나비 같은 것들이 좋겠네요.

③ 날씨가 어떤지 그림 그리듯이 말해 보라고 하세요.

④ 아이에게 종류가 다른 꽃 3송이를 찾아보게 하세요.

아이가 스파이 놀이와 영어에 익숙하다면 소개할 좋은 책이
있는데, 《Each Peach Pear Plum》입니다. 아이가 관찰을 잘
할 수 있게 구성되어 있고, 운을 맞추는 영어단어들도 소개하
고 있어요.

누가 누가 먼저 찾을까?

이 놀이는 아이들이 밖에서 맨손으로 할 수 있는 아주 좋은 활동입니다. 여러 아이와 함께 하는 게 가장 좋아요. 이 놀이는 다른 사람들보다 먼저 물건을 찾는 것이 규칙인데, 아이들은 이런 경쟁적인 요소를 아주 좋아해요. 모둠 안에서 개별적으로 혹은 짝을 지어서 하거나, 아이들이 아주 많다면 팀을 짜서 할 수 있다는 장점도 있어요.

장소 및 준비물

□ 나뭇잎, 나뭇가지, 돌처럼 수집할 것이 많은 넓은 야외 공간

활동 방법

① 아이들에게 어떤 사물들을 수집하게 할지 결정하세요.

　(예시: 초록 잎 3개, 나뭇가지 2개, 깃털 1개)

② 아이들에게 무엇을 찾아야 하는지 말해 주세요.

③ 아이들이 사냥을 시작하게 합니다.

④ 아이들이 찾은 것들을 가지고 돌아오기 시작하면, 각자 찾아온 것들이 섞이지 않도록 분리하여 쌓아 놓게 해요.

⑤ 찾아야 할 것들을 모두 찾았다면 각자의 수집품 더미 옆에 앉게 하세요.

⑥ 모든 아이가 과업을 완수하면 놀이를 마무리합니다.

어린아이들에게는 한 번에 하나의 사물만을 찾게 해요. 아이가 찾은 것을 가지고 돌아오면 그다음에 찾아야 할 것을 말해 주세요.

아이에게 하나 또는 두 개 이상을 찾게 하지 마세요.

아이들이 스스로 사물들을 자유롭게 찾을 수 있게 하고, 부모는 아이가 도움이 필요로 할 때 끼어들어야 합니다.

더 나아가기

아이들이 야외에 있는 사물들에 익숙해지면 이 놀이를 조금 더 어렵게 해 볼 수도 있어요. 아이들에게 한층 구체적인 사물을 찾게 하면 됩니다. 예를 들면 그냥 꽃 대신에 민들레를 찾아오게 하는 거예요. 물론 아이들에게 이미 친숙한 꽃이어야 하고, 어디서든 쉽게 보이는 꽃이어야 해요.

소풍을 떠나요

소풍은 아이들뿐만 아니라 어른들에게도 신나는 시간입니다. 그저 야외에 잠깐 나가는 것만으로도 일상에서 벗어난 것처럼 느껴지니까요. 소풍의 단계마다 아이들과 함께하고, 이런 신나는 활동에 배움의 요소를 포함하면 아이의 즐거움은 더 커질 거예요. 그리고 음식을 어디서 어떻게 먹어야 하는지, 다양한 형태와 느낌 등에 대한 개념도 생기게 됩니다.

준비물

□ 돗자리

□ 양산

□ 다양한 음식으로 준비한 도시락
　(예시: 김밥, 과일, 달걀, 요거트, 채소, 초콜릿)

□ 음료수

활동 방법

① 소풍을 준비하는 것은 즐거움의 절반이나 됩니다. 아이에게 소풍을 갈 예정이니 도움이 필요하다고 말해 주세요. 다양한 음식에 대해 이야기하고 어디서 먹을 것인지 이야기하면서 도시락을 포장하세요.

② 소풍은 조용하고 안전한 곳으로 가는 것이 좋습니다. 꼭 신나는 것들이 있는 곳일 필요는 없어요. 뒤뜰도 좋습니다.

③ 돗자리를 바닥에 펼치세요. 그리고 양산을 펼쳐 자외선으로부터 아이를 보호해야 합니다.

④ 음식을 펼쳐 놓고 아이가 돌아다니면서 조금씩 먹어 보게 하세요. 각 음식의 색깔, 맛, 모양에 대해 이야기하세요. 음식들에 대해 학습하기보다는 야외에서 더 강렬해지는 음식의 향기와 맛을 즐기는 것이 이 활동의 핵심입니다.

⑤ 집으로 돌아갈 준비가 됐으면 아이에게 쓰레기는 남김없이 모두 가져가야 한다는 것을 강조해 주세요. 아무 데나 쓰레기를 버리는 것은 야생 동물에게 해로울 수 있다고 설명한 다음, 쓰레기를 모아서 올바르게 버리는 일에 아이를 참여시켜야 합니다.

TIP

소풍을 준비하면서 동물과 관련된 동요를 부르면 아이의 관심을 유지하는 데 도움이 됩니다. 아이가 소풍에 인형을 가지고 가는 것도 괜찮습니다.

10

내 맘대로 콜라주

아이들은 새로운 것을 만드는 활동을 좋아해요. 이번에는 자연에서 얻을 수 있는 재료들을 가지고 자연 색종이 놀이(콜라주 놀이)를 할 거예요. 아이들은 자연이 가진 다양한 색을 모아서 자신만의 작품을 만들 수 있어요. 가을은 이 놀이를 할 수 있는 가장 좋은 때입니다. 풀, 나뭇잎, 열매, 씨앗 등 자연 속에서 다양한 색을 쉽게 찾을 수 있으니까요.

장소 및 준비물

☐ 다양한 나뭇잎, 나뭇가지, 나무껍질, 열매, 씨앗 등 다양한 자연물을 쉽게 찾을 수 있는 야외 공간. (자연물을 이용한 콜라주 놀이이므로 종이나 풀은 필요하지 않아요.)

활동 방법

① 콜라주 작품을 만들 평평한 땅을 찾으세요. 땅의 크기는 크든 작든 원하는 정도면 됩니다.

② 아이에게 주변에 보이는 것들로 콜라주 놀이를 할 거라고 말해 주세요.

③ 아이가 직접 자연물을 골라 모으게 하세요. 마음에 드는 색들을 모으는 것이 이 놀이의 시작입니다.

④ 콜라주를 만들 자리 바로 옆에 아이가 수집한 것들을 조금씩 쌓아 둡니다.

⑤ 재료가 충분히 모였다면 아이에게 이렇게 말해 보세요. "이제 이것들을 이용해서 그림을 만들어 볼까?" 그리고 동그라미, 회오리 또는 지그재그 등 다양한 모양을 만들어 보세요.

⑥ 이제 콜라주가 완성되었네요. 아이가 살짝 물러서서 스스로 만든 작품을 감상할 시간을 주세요. 완성된 작품과 아이의 모습을 사진으로 남겨 두세요. 아이가 자연 일기장에 붙일 수 있게 말이지요. (133쪽 참고)

TIP

여러분도 아이 옆에서 자신만의 콜라주 작품을 만들어 볼 수 있어요. 아이가 아이디어를 얻는 데에 도움이 될 거예요.
가시가 많은 식물이 있는지 꼭 확인하고 아이에게 조심하라고 주의를 주세요.

산딸기 같은 열매들은 새들만의 먹이라는 것을 아이에게 말해 주세요.
아이들이 무심코 열매들을 먹는 것은 위험하니까요.

더 나아가기

이 활동을 마쳤으면 아이가 자연에서 수집한 것 중 일부를 모
아서 집으로 가져오는 것도 좋아요. 집에서 종이 위에 자그마
한 콜라주를 다시 만들어 볼 수 있으니까요.

곤충을 살펴봐요

아이가 곤충을 구별할 수 있다면, 이번 활동은 곤충을 좀 더 자세히 관찰할 수 있도록 도와줄 거예요. 아이는 정원에 살고 있는 작은 동물들을 찾고 수집하고 관찰하는 법을 배울 수 있으니까요.

장소 및 준비물

☐ 정원 혹은 공원

☐ 모종삽

☐ 흙, 나뭇가지, 잎으로 적당히 채운 유리병 2~3개

☐ 유리병을 덮을 정도의 크기로, 구멍이 있는 내유성
　　종이 (기름이 배지 않는 종이)

☐ 고무 밴드

☐ 돋보기

☐ 쟁반

활동 방법

① 활동을 시작하기 전에 정원에서 하게 될 곤충 사냥놀이에 대해 설명해 주세요. 정원(공원)에서 만나게 될 곤충의 이름을 아이에게 말해 줍니다. 아이가 이미 알고 있는 곤충이 좋겠지요. 필요한 도구들을 쟁반에 놓고 정원(공원)에 있는 테이블로 이동합니다.

② 아이에게 찾고 싶은 곤충이 있는지 물어보고 나서 이렇게 말해 보세요.

"이 곤충을 어디에서 찾을 수 있을까?"

곤충의 이름을 추가한 뒤, 이번에는 이렇게 물어보세요.

"화단에 구멍을 파면 어떤 곤충이 있을 것 같니?"

"이 돌 아래에 숨어 있는 벌레를 찾을 수 있을까?"

③ 어떤 방식이든 부모가 아이와 함께 탐구하기 전에 아이의 대답을 기다려 주세요. 이름 모를 벌레, 딱정벌레, 개미, 애벌레 등 생물체를 발견하면 아이가 모종삽으로 퍼서 유리병에 담을 수 있게 도와주세요. 내유지로 유리병을 잘 덮은 후에 고무 밴드로 잘 묶어 주세요.

④ 아이에게 돋보기를 건네주고 수집한 곤충들을 몇 분 동안 꼼꼼하게 관찰하게 합니다. 곤충들의 생김새나, 어떻게 움직이는지 등을 말이지요. 아이에게 다음과 같이 물어보며 관심을 직접적으로 유도할 수도 있어요.

"이 벌레는 무슨 색이지?"

"눈이 어디에 있는지 찾을 수 있겠니?"

"다리는 몇 개니?"

⑤ 이 활동이 마무리되면 아이와 함께 곤충들을 발견했던 장소로
돌아가세요. 잡았던 곤충들을 다시 원래 있었던 곳에 놓아주는
거예요.

TIP

이 활동에서는 기어다니는 곤충들만 채집하는 것이 좋아요. 날벌레들의
날개는 쉽게 부서지기도 하고, 아이가 날벌레에 쏘일 수도 있으니까요.

더 나아가기

아이가 관찰하는 모습과 곤충들의 사진을 찍어 두세요. 자연
일기장에 이 활동에 대해 쓸 때 도움이 될 거예요. (133쪽 참고)

모래성을 만들자

모래밭은 아주 매력적입니다. 아이들이 창의적인 활동을 하기에 아주 완벽한 장소거든요. 아이들은 모래의 질감과 촉감에 흠뻑 빠져, 놀라운 협응력과 건축 능력을 보여 줄 것입니다.

장소 및 준비물

☐ 모래밭이나 해변 (모래 상자를 준비해도 괜찮아요.)
☐ 적합한 크기의 숟가락 또는 삽
☐ 거푸집(틀) 또는 양동이
☐ 물
☐ 장식물 (조개껍데기, 나뭇잎, 자갈, 깃발 등)

활동 방법

① 아이와 함께 앉아서 모래를 떠내고, 두드리고, 파는 동작을 해 보세요. 모래로 할 수 있는 것들을 탐색하는 거예요.

② 아이가 익숙해지면 거푸집이나 양동이를 모래로 채우는 방법을 보여 주고, 아이가 직접 해 보도록 이끌어 주세요.

③ 거푸집이나 양동이를 뒤집어 모래에 모양을 만들어요. 물을 거푸집에 섞으면 모래가 물을 먹으면서 아이가 가지고 놀 수 있는 새로운 질감의 재료가 만들어집니다.

④ 아이에게 벽을 어떻게 쌓아야 하는지 보여 줍니다. 벽을 쌓으면서 이미 만들어 놓은 언덕들을 함께 연결하게 되고, 모래성이 완성됩니다.

⑤ 조개껍데기, 나뭇잎, 조약돌처럼 주변에서 찾을 수 있는 물건들로 모래성을 장식합니다. 작은 깃발을 성의 탑에 꽂아 놓을 수도 있겠네요.

TIP

모래가 눈, 귀, 입에 들어가지 않게 조심해야 해요. 사고에 대비하여
깨끗한 물 한 병과 부드러운 천을 가까이에 준비해 두세요.
해변에서 이 활동을 한다면 밀물과 썰물에 유의해야 해요.
아이가 너무 멀리 가지 않게 잘 살펴야 합니다.

더 나아가기

성이 완성되면 성을 둘러싸는 해자(호수)를 아이와 함께 만들
어 보세요. 젖은 모래로 아이에게 물 위에 다리를 놓는 방법
을 보여 주세요.

퐁당퐁당! 물수제비

아이와 함께 할 수 있는 간단한 놀이를 소개합니다. '완벽한' 모양의 돌을 찾는 것도 재미있어요. 기술을 완벽히 익히기 위해서는 약간의 시행착오가 필요해요. 잔잔한 물이 있는 곳이 이상적입니다. 호수나 연못이 좋겠어요.

장소 및 준비물

☐ 호수나 연못의 물가
☐ 둥글고 납작한 돌들

활동 방법

① 아이에게 물수제비 놀이를 할 거라고 이야기해 주세요. 납작한 돌이 물 위로 튕기면서 앞으로 나아갈 수 있게 던지는 방법이 있다고 설명합니다.

② 돌을 어떻게 쥐어야 하는지 보여 주세요. 먼저, 돌을 여러분의 손 위에 올려놓아요. 엄지손가락을 돌 윗부분에 위치시키고, 검

지손가락으로 돌의 앞쪽 가장자리를 감쌉니다. 그리고 가운뎃손가락으로 돌 아랫부분을 안정감 있게 받쳐 주세요.

③ 물가에 옆으로 서서 팔을 뒤로 당깁니다. 돌의 평평한 면을 물과 평행하게 유지해야 해요.

④ 무릎을 살짝 구부려 자세를 낮추고 팔을 옆으로 휘두르며 사이드암 자세로 돌을 던집니다.

⑤ 돌이 물 위에서 수평으로 튕기며 똑바로 날아갈 수 있도록 손에서 놓아야 해요.

⑥ 돌이 물의 표면을 가로지르며 튕겨 나가는지 보세요. 한번 감을 잡으면 다음에는 더 쉽게 할 수 있어요.

⑦ 이제 아이가 해 볼 차례예요. 성공하기 위해 여러 번 시도해야 하겠지만 결국 해낼 겁니다. 성공의 기쁨을 느끼게 될 거예요.

TIP

무릎을 구부리는 것은 자세를 낮추어 돌을 최대한 수면에 가깝게 던지기 위해서예요. 아이는 그럴 필요가 없요. 이미 수면의 높이와 가까우니까요.

그림자를 찜해요

햇볕이 좋은 날에 아이들과 할 수 있는 재미있는 놀이를 소개합니다. 이 놀이는 아이들에게 빛과 어둠의 개념을 소개하기에 좋아요. 빛이 어떻게 그림자를 만들어 내는지 이해할 수 있을 거예요.

장소 및 준비물

☐ 바닥에 그림을 그릴 수 있는 야외 공간
　(예시: 운동장, 테니스장, 정원의 뜰 등)

☐ 색분필

활동 방법

① 놀이를 위해 준비된 곳으로 이동하면서 아이들에게 그림자에 대해 이야기해 보세요. 아이들이 그림자에 대해 무엇을 알고 있는지 확인할 수 있어요. 그림자가 생기는 조건 같은 것들에 대해 이야기합니다. 그림자는 사물이 빛을 막을 때 생긴다고 아이에게 설명해 주세요.

② 놀이 장소에 도착하면 아이들에게 자신의 그림자가 보이는지 물어보세요. 그림자가 앞에 나타나도록 움직여 보게 한 다음, 그림자가 뒤로 갈 수 있게 움직여 봅니다.

③ '그림자 찜하기' 놀이를 해 보세요. 이 놀이는 술래잡기와 비슷하지만, 달아나는 사람을 쫓아가 손으로 살짝 치는 것 대신에 다른 사람의 그림자를 밟아서 '찜'하는 놀이예요.

④ 아이들의 그림자가 앞에 나타나도록 한 줄로 서게 해요. 그러니까, 해가 아이들의 등 뒤에 있겠지요. 이제 아이 중 한 명에게 포즈를 취하게 합니다. 준비한 분필로 아이의 그림자 테두리를 따라 땅에 그림을 그립니다.

⑤ 아이들이 번갈아 포즈를 취하고, 옆에 있는 아이가 그림자 그림을 그리게 합니다. 아이들이 몸으로 다양한 모양을 만들어 볼 수 있게 북돋아 주세요.

⑥ 놀이가 끝나면 재미있게 한 줄로 서있는 그림자 그림이 만들어질 거예요. 사진을 찍어 기록으로 남겨 두세요.

아주 어린 아이들과 그림자 찜하기 놀이를 할 때에는 천천히 움직이며 진행해야 해요. 아이들이 넘어지면 다칠 수 있으니까요.

꽃을 간직해 봐요

어린아이들이 공원이나 정원에 피어 있는 꽃들의 밝은 색에 끌리는 것은 자연스럽습니다. 아이들의 관심을 더 자세히 탐구하고 아이의 미세운동 능력을 발달시키는 데 압화를 만드는 것보다 더 좋은 방법이 있을까요?

준비물

☐ 꽃다발

☐ 무거운 책 여러 권

☐ 카드보드지 2장 (A4 용지 크기)

☐ 흡수지(압지) 2장 (A4 용지 크기)

활동 방법

① 아이와 함께 야외에 나가서 아이에게 수집하고 싶은 꽃을 찾아보게 하세요. 7~8송이 정도면 충분하다고 말해 주고, 꽃을 눌러서 오랫동안 아름답게 보관하는 놀이를 할 거라고 설명해 주세요.

② 집에 돌아오면 큰 책을 작업대 위에 평평하게 놓아요. 아이가 카드보드지를 책 위에 깔고, 그 위에 흡수지(압지)를 놓도록 이끌어 줍니다.

③ 이제 아이에게 꽃을 흡수지(압지) 위에 배열하게 해요. 아이가 원하는 대로 배열해도 되지만 서로 겹치지 않게 합니다.

④ 두 번째 흡수지(압지)로 꽃들 위를 조심스럽게 덮는 것은 부모님의 역할이에요. 아이가 이 모습을 잘 살펴보게 합니다. 그러고 나서 두 번째 카드보드지와 무거운 책을 그 위에 올려놓아요.

⑤ 꽃을 말릴 장소를 결정합니다. 평평하고 며칠 동안 방해받지 않을 곳이 좋아요. 예를 들면 책상이나 책장 구석 같은 곳이지요. 책 두세 권을 그 위에 더 올려놓습니다.

⑥ 3~4일 후에 책들을 내려놓고 카드보드지와 종이들을 들어 올려요. 아이에게 꽃이 어떻게 되었을 것 같은지 물어보세요. 꽃의 색이 그대로인 것을 아이에게 보여 줍니다. 흡수지(압지)가 꽃에 있는 수분을 흡수했다는 사실을 설명해 주세요.

TIP

정원이나 화단에서 허락 없이 꽃을 함부로 꺾으면 안 된다고 설명해
주세요. 꼭 어른에게 먼저 물어봐야 한다고 알려 줍니다.
작고 섬세한 꽃이 큰 꽃들보다 더 잘 건조됩니다.

더 나아가기

압화를 자연 일기장에 붙이거나, 그림처럼 액자를 만들어 아
이의 방에 걸어 두세요.

날씨를 읽는 솔방울

이번 활동을 하면서 아이는 솔방울이 날씨의 변화에 얼마나 민감한지 알게 될 거예요. 식물과 동물이 날씨의 변화를 어떻게 '읽을' 수 있는지 보여 주는 예시입니다. 비가 올 것 같은 날에 이 활동을 해도 좋아요.

준비물

□ 솔방울

활동 방법

① 아이가 솔방울을 야외에서 햇빛과 비를 피할 수 있는 장소에 두게 해요. 비가 오고 공기가 습해질 때까지 그대로 둡니다. 솔방울의 갈라져 있는 부분들이 어떻게 닫히는지 아이가 잘 살펴보도록 이끌어 주세요.

② 아이에게 솔방울을 따뜻한 방 안으로 가져오게 합니다. 솔방울에 어떤 변화가 생기는지 몇 시간 또는 며칠 동안 관찰하게 해

요. 건조한 곳에서는 솔방울의 갈라져 있는 부분들이 벌어질 거예요.

③ 이런 변화가 왜 생기는지 아이에게 물어보세요. 습기가 많은 날씨와 건조한 날씨의 상태가 다르다는 사실에 아이가 관심을 갖게 합니다. 솔방울은 습기가 많은 공기로부터 스스로를 '보호'하는 것이라고 설명해 주세요. 우리가 비를 피하고자 우비를 입는 것과 비슷하다고 이야기해 주어도 좋습니다.

더 나아가기

정원이나 공원에 가면 습한 날씨와 건조한 날씨에 따라 특정한 변화가 생기는 식물들이 있는지 조사해 보세요. 예를 들면, 이슬로부터 자신을 보호하기 위해 밤에는 잎을 오므리는 꽃이나 햇빛에 예민하게 반응해서 햇빛을 받으면 꽃잎이 열리는 꽃들이 있거든요.

넌 어디에 사니?

동물에 대한 어린아이들의 사랑은 특별합니다. 이번 활동은 동물에 대한 사랑을 기초로 아이들의 지식을 넓힐 수 있는 놀이입니다. 분류하기 활동을 통해 동물의 서식지를 소개합니다. 동물원이나 농장에 다녀온 후에 하면 아주 좋은 활동이지요. 서로 다른 서식지에 사는 동물들에 대한 이야기를 읽어 주는 것도 좋은 방법입니다.

준비물

☐ 농장과 정글에 사는 동물 장난감들

☐ 장난감을 담을 수 있을 만큼 큰 그릇

☐ 초록색 색지 1장과 갈색 색지 1장
   (A4~A3 크기)

활동 방법

① 장난감 동물들을 담은 그릇을

앉은뱅이 탁자 또는 바닥에 놓아요.

② 아이에게 색지 2장을 그릇 위쪽에 나란히 놓게 해요.

③ 아이에게 이렇게 설명해 주세요.

"갈색 색지는 농장을 나타내고, 초록색 색지는 정글을 나타내는 거야. 이제 같은 곳에 사는 동물들을 색지 위에 알맞게 놓아 보자."

④ 아이가 동물을 선택한 다음 어느 색 색지에 놓아야 할지 결정하게 돕니다.

⑤ 모든 동물이 정확한 모둠으로 분류될 때까지 계속합니다.

⑥ 아이가 이 활동을 반복하고 싶어할 수도 있어요. 그럴 때에는 장난감 동물들을 모두 그릇에 옮겨 담은 후에 다시 시작합니다.

TIP

아이들이 동물들의 서식지를 잘 고를 수 있게 충분히 기다려 주세요. 아이가 결정하지 못하고 멈춰 있으면 약간의 힌트를 주고 싶을 수도 있지만 참아야 해요.

아이가 장난감 동물들을 두 개의 서식지로 잘 분류한다면, 세 번째 서식지를 소개해 보세요. 파란색 종이는 돌고래, 고래, 게, 물고기처럼 물속에 사는 동물들을 나타내기에 좋아요. 종이 3장을 바닥에 깔고 앞서 했던 것과 같은 방법으로 놀이를 시작합니다.

이 활동과 함께 지도를 보여 주는 것도 좋습니다. 이런 서식지들을 지도 위 어디에서 찾을 수 있는지 아이와 함께 이야기해 보세요. (72쪽 참고)

지구는 둥그니까!

'지구는 납작하지 않고 둥글다'라는 말은 아이들이 이해하기에는 추상적인 개념이에요. 이번 활동과 다음 활동은 아이들이 지리를 구체적으로 이해할 수 있게 도와줄 거예요. 우선, 지구본을 친숙하게 느끼게 한 후에 세계 지도를 소개합니다. 이렇게 하면 두 가지 모습이 모두 지구라는 것을 이해하게 될 거예요.

준비물

☐ 지구본

활동 방법

① 아이에게 지구본을 보여주고 지구본 전체를 만지면서 느껴 보게 해요. 지구본의 모양을 보면 마음속에 무엇이 떠오르는지 물어보세요. 아이가 '공'이라고 말하기를 기다립니다. 이 모양이 '구형'이라고 설명해 주세요.

② 이 구형이 지구를 나타내고, 지구는 우리가 살고 있는 행성이라

고 이야기해 주세요. 나중에 지금 보고 있는 것이 지구본이라고 말해 주세요. 파란색은 바다이고, 다른 색이 칠해진 모양들이 땅이라고 설명해 주세요.

③ 아이에게 우리가 살고 있는 나라를 보여 주면서 이렇게 말해 주세요.

"여기가 우리가 살고 있는 동네(또는 도시)야. 우리 동네(도시)는 우리나라의 안에 있지."

손가락으로 나라의 테두리선을 따라 움직입니다. 아이도 똑같이 하게 하세요. 아이는 이렇게 하면서 현재 살고 있는 나라의 이름을 말합니다.

④ 이제는 아이가 익숙한 곳을 찾아보게 합니다. 친척이 사는 곳이나, 아이가 방학 때 가 본 곳들을 찾아 보아요.

이후 이어서 아이에게 나머지 대륙들을 소개해 주세요.

더 나아가기

지구본을 이용해서 아이에게 모든 바다는 서로 이어져서 하나의 큰 바다가 된다는 것을 보여 주세요. 지구본을 천천히 돌리면서 아이의 손가락이 육지 위로 가지 않고 바다를 따라 가게 하세요.

지도를 펼쳐라

바로 앞선 활동에 이어집니다. 이번 활동을 통해 지구의 땅은 각 각의 이름을 가진 대륙으로 구성되어 있다는 것을 아이에게 보여 줄 수 있어요. 또한 땅의 입체적인 지형을 평면으로 나타내면 지도 가 된다는 사실을 이해할 수 있습니다.

준비물

□ 세계 지도 (각 대륙이 다른 색으로 칠해져 있는 게 좋아요.)

□ 지구본

□ 서로 다른 대륙에 서식하는 동물들의 그림

활동 방법

① 아이에게 세계 지도를 보여 주며 이렇게 말해 주세요.

"세계 지도는 지구본의 껍데기를 벗겨서 책상 위에 펼쳐 놓은 것과 비슷해. 오렌지처럼 말이야."

아이에게 지구본에서 우리나라를 찾아보게 합니다. 그리고 나

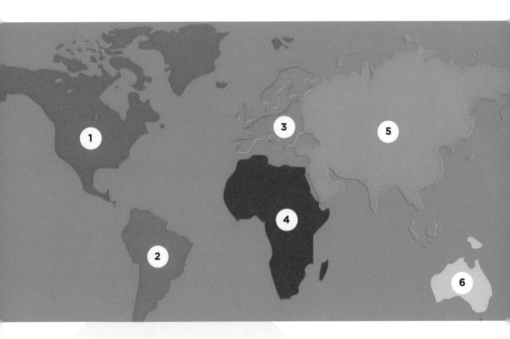

지구의 대륙

1. 북아메리카(North America)

2. 남아메리카(South America)

3. 유럽(Europe)

4. 아프리카(Africa)

5. 아시아(Asia)

6. 오스트레일리아(Australia)

서 지도 위에서도 찾아보게 해요. 아이가 어려워하면 대륙의 색
깔을 알려 주는 것처럼 약간의 힌트를 주세요.

② 위의 단계를 반복하면서 아이가 가 본 적 있는 다른 나라를 찾

을 수 있는지 보세요.

③ 아이와 지도를 보면서 가고 싶은 곳에 갈 수 있게 도와주는 교통수단에 대해 이야기해 보세요. 그리고 몇 밤을 자면 목적지에 도착할 수 있을지 이야기하면서 아이가 거리 개념을 이해할 수 있도록 도와줍니다.

④ 아이가 동물을 좋아하면 각 대륙에서 찾을 수 있는 동물들에 대해 이야기하고 동물 그림을 찾는 활동도 좋아요. 예를 들면 열대 우림이나 사막에서 사는 동물에 대해 이야기할 수 있지요. 아이가 동물들의 그림을 지도에서 대륙 위에 붙이게 합니다.

새로운 나라와 대륙을 소개하기 전에 친숙한 목적지를 먼저 알아보세요.

더 나아가기

슈퍼마켓에서 식료품을 구매해서 집으로 가져오면 아이에게 원산지를 표시한 라벨을 보여 주세요. 음식을 다 먹은 후에는 식료품의 라벨을 버리지 말고 세계 지도 위에 붙입니다. 아이에게 다양한 과일 그림을 그리게 한 다음, 그 과일들이 자라는 나라 위에 붙이게 해요. 그러면서 동시에 그 과일들이 자랄 수 있는 기후에 대해 말해 주세요.

꼬불꼬불 학교 가는 길

자기만의 지도를 만들어 보는 것은 훌륭한 학습 활동입니다. 아이에게 아주 익숙한 지역부터 시작하는 것이 좋아요. 예를 들면 학교(어린이집, 유치원)까지 가는 길처럼 말이에요. 가까이 사는 친구나 친척의 집까지 가는 길도 좋아요. 이 활동은 며칠 동안 계속해도 괜찮습니다.

준비물

☐ 공책

☐ 펜

☐ A4 종이

☐ 스티커 또는 사인펜

활동 방법

① 어린이집까지 아이와 함께 걸어가는 동안, 지나는 길에 보이는 주요 랜드마크에 대해 이야기해 주세요. 예를 들면, "가는 길에

할머니 댁이 있구나", "지금 기찻길 다리를 건너고 있어" 또는 "아마도 길 끝에는 큰 나무가 있을 거야"처럼요.

② 집에 도착하면 주요 랜드마크 서너 개를 몇 줄 간격으로 공책

에 적어 두세요. 아이에게는 어린이집까지 가는 지도를 만들 때 사용할 거라고 말합니다.

③ 다음에 아이와 함께 어린이집을 갈 때는 아이가 집에서 첫 번째 랜드마크까지 가는 데 걸리는 걸음 수를 세어 보게 합니다. 공책에 적어 둔 랜드마크 이름 옆에 숫자를 적어 두세요. 이제는 첫 번째 랜드마크에서 두 번째 랜드마크까지의 걸음 수를 셉니다. 이렇게 걸음 수를 세는 활동을 며칠 동안 진행하세요.

④ 걸음 수를 모두 세고 나서 랜드마크 사이의 대략적인 거리를 계산해 봅니다. 그래야 랜드마크의 위치를 지도에 표시할 수 있어요. 이런 것들을 아주 정확하게 계산할 필요는 없어요. 단지 지도 위에 대략적인 거리 개념을 파악하려는 것뿐이에요.

⑤ 종이 위에 랜드마크를 표시할 스티커나 아이콘 같은 것들을 준비해 두세요. 이 페이지에 있는 아이콘 그림을 복사해서 사용해도 됩니다. 아이가 스티커를 붙일 수 있도록 이끌어 주세요.

TIP

아이의 나이가 아주 어릴 경우, 자신의 걸음을 10개씩 세어 보게 해요. 부모님이 그 숫자들을 더해서 합계를 계산해 주면 됩니다.

2장

탐구하는
과학 놀이

아이들이 주변의 물리적인 세계를 이해할 수 있게 도와주는 과학 주제들을 소개합니다. 여러 활동을 통해 아이들은 고체·액체·기체의 차이를 배울 수 있고 자기나 마찰, 정전기 같은 과학 현상을 발견할 수 있을 거예요. 물과 관련된 실험을 통해 부피와 밀도의 개념을 소개할 수도 있어요. 아이들은 이런 과학 놀이를 아주 좋아합니다.

딱딱, 졸졸, 뭉게뭉게

간단한 활동을 통해 아이들에게 고체·액체·기체의 개념을 소개할 수 있어요. 주변에 존재하는 모든 것은 고체·액체·기체 중 하나의 상태로 존재한다는 것을 배울 거예요. 부모님은 아이에게 '입자'들이 서로 다른 방식으로 활동하면서 각 상태가 만들어진다는 것을 설명해 줄 수 있어요. (83쪽 '원리 탐구하기'를 참고하세요.)

준비물

- ☐ 각얼음 3개
- ☐ 작은 접시 3개
- ☐ 작은 냄비 1개

활동 방법

① 각얼음을 작은 접시 위에 1개씩 올려 놓아요. 아이에게 주변 모든 것들은 고체, 액체, 또는 기체의 상태라고 설명해 주세요. 아이에게 첫 번째 얼음을 손가락으로 톡톡 건드린 후에 느껴지는

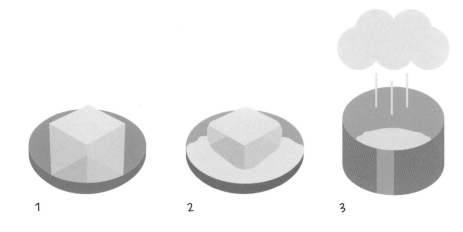

감촉을 자세히 말해 보라고 합니다. 아마도 차갑고 딱딱하다고 말할 거예요. 그리고 이렇게 설명해 주세요.

"얼음은 물이 얼어서 만들어졌기 때문에 차가운 거야."

"얼음은 고체이기 때문에 딱딱한 거야."

② 시간이 흐르면서 각얼음은 녹기 시작합니다. 두 번째 상태에서는 무슨 일이 생길 것 같은지 아이에게 물어보세요. 아이의 답을 들은 후에 이렇게 설명해 주세요.

"물이 얼어서 만들어진 얼음은 고체이지만, 따뜻한 곳에서는 얼음이 녹아서 액체인 물로 변한단다."

③ 세 번째 접시에는 얼음과 물이 섞여 있을 거예요. 세 번째 접시에 남은 내용물을 냄비에 붓고 끓입니다. 아이는 물이 김으로 변하는 모습을 관찰할 수 있을 거예요. 때때로 아이에게 냄비에 있는 내용물을 보여주면서 이렇게 설명해 주세요.

"물이 끓으면 액체에서 기체로 바뀌는 거야."

고체, 액체, 기체는 모두 입자로 이루어져 있어요. 입자의 배열에 따라서 고체가 되기도 하고 액체, 기체가 되기도 하는 거예요. 고체 상태에서는 입자들이 촘촘하게 뭉쳐서 어떤 고정된 모양을 이룹니다. 액체 상태에서는 입자들이 가깝게 있지만 움직여서 흐를 수 있는 모양이 가능해요. 기체 상태에서는 입자들이 넓게 퍼져서 모든 곳으로 매우 빠르게 이동할 수 있어요.

더 나아가기

이 활동을 마치고 나서 우유, 바나나, 공기, 구슬, 시냇물 중에서 어떤 것이 고체, 액체, 기체인지 물어보세요.

어느 쪽이 더 많을까?

부피에 대해 효과적으로 소개할 수 있는 간단한 활동이 있어요. 그릇 2개를 준비하고 아이에게 어느 그릇에 물을 더 많이 담을 수 있을지 짐작하게 합니다. 이 활동에서는 그릇을 고르는 것이 중요해요. 하나는 작은 꽃병처럼 길쭉하고 폭이 좁아야 합니다. 다른 하나는 물컵처럼 키가 더 작고 폭은 더 넓어야 해요. 물컵이 더 많은 양의 물을 담을 수 있어야 합니다. 부피를 측정할 때는 높이(키)만 고려해서는 안 되니까요. 아이가 이런 사실을 이해하는 것이 이 활동의 목적입니다.

준비물

☐ 키가 크고 투명한 꽃병
☐ 꽃병보다 키가 작고 폭이 넓으며 물을 더
　　많이 담을 수 있는 유리잔
☐ 물

□ 계량컵
□ 깔때기

활동 방법

① 물을 담을 그릇 2개를 아이 앞에 놓습니다. 아이에게 물이 더 많이 담길 것 같은 그릇을 집어 보게 해요. 그 예상이 실제로 맞는지 알아볼 거라고 말해 주세요.

② 아이가 주전자로 꽃병에 물을 채우게 해요. 그러고 나서 깔때기를 사용해서 물을 유리잔에 옮겨 담게 합니다. 아이가 유리잔에 보이는 물의 높이를 기억하게 합니다.

③ 이번에는 아이가 주전자로 유리잔에 물을 채우게 합니다. 그다음, 깔때기를 사용하여 물을 꽃병에 옮겨 담게 합니다. 꽃병에 물이 거의 차오르면 물 붓는 것을 멈춰 주세요. 이후 아이에게 유리잔에 아직 물이 남아 있다는 것을 확인하게 해요. 그러고 나서 아이에게 이렇게 물어보세요.

"아까 꽃병에 담았던 물을 유리잔에 옮겨 담았을 때 꽃병에 물이 남아 있었니?"

이제부터 아이는 키가 작고 폭이 넓은 유리잔이 물을 더 많이 담을 수도 있다는 것을 알게 됩니다.

④ 다시 한번 확인하고 싶다면 아이에게 계량컵을 사용하여 각 그

릇에 담은 물의 양을 측정하는 방법을 보여 주세요.

다양한 그릇을 일렬로 배열한 후에 작은 컵을 그릇들 앞에 놓습니다. 아이에게 각각의 그릇에 물을 몇 컵씩 담을 수 있는지 짐작해 보게 하세요. 배열된 그릇들을 순서대로 확인해 보세요. 아이는 각 그릇에 담을 수 있는 물의 양을 먼저 추측한 후, 실제로 물을 담아 보면서 컵의 수를 세어 봅니다. 활동 하면서 아이가 종이 위에 답을 기록하게 하고 다음 순서대로 해 보세요.

- 종이 위에 그릇의 모양을 그린다
- 그릇을 눈으로 보고 물을 채우는 데 필요한 물컵의 수를 짐작하여 적는다
- 실제로 필요한 컵의 수를 짐작한 컵의 수 옆에 적는다

3

떠다니는 액체들

· ·

밀도가 다른 액체들을 보여 줄 수 있는 놀라운 실험을 소개합니다. 아이들은 이 실험을 아주 재미있어 할 거예요. 밀도가 다른 액체들이 병 안에서 층을 만들어 내는 것을 볼 수 있으니까요.

준비물

- □ 액체를 붓기에 적합한 병이나 그릇 5개
- □ 메이플 시럽
- □ 글리세린
- □ 파란 식용 색소(물감)를 탄 물
- □ 해바라기유
- □ 올리브유
- □ 길고 투명한 병, 유리잔 또는 주전자 1개
- □ 종이
- □ 색연필
- □ 금속 숟가락
- □ 쟁반

활동 방법

① 각각의 액체를 준비한 병이나 그릇에 옮겨 담아요. 투명한 병
(유리잔 또는 주전자)의 밑그림을 종이 위에 그립니다. 모든 재료
를 쟁반 위에 올려놓아요.

② 액체들을 아이 앞에 한 줄로 배열하고 그 뒤에 그릇들을 놓습
니다. 아이와 함께 보면서 각각 무슨 액체들인지 이야기합니다.
아이에게 그 액체들을 무게 또는 밀도 순서대로 투명한 병에
담을 거라고 말해 주세요.

③ 아이에게 시럽을 병의 5분의 1 높이만큼 붓게 해요. 부모가 병
에 표시해 주세요. 숟가락 뒷면에 조금씩 떨어뜨리면서 글리세
린이 시럽 위로 쌓이게 합니다. 글리세린 층이 안정될 때까지

기다리세요.

④ 아이에게 물을 추가하게 합니다. 다음은 해바라기유를 넣고, 마지막으로 올리브유를 더해요. 한 번에 붓지 말고 매번 숟가락 위에 부어 주세요.

⑤ 모든 액체를 부은 후, 아이에게 미리 그려 놓은 밑그림 위에 떠다니는 액체를 색칠하게 합니다. 액체들의 모습을 모두 그린 후, 색칠한 그림 옆에 각 순서대로 이름을 적어 주세요. 아이에게 적게 해도 좋고 부모님이 적어 주셔도 괜찮습니다.

더 나아가기

액체를 붓기 쉬운 투명한 병을 여러 개 준비하세요. 각 액체를 병에 같은 높이로 채웁니다. 아이에게 구슬을 병 안에 떨어뜨리고 구슬이 바닥에 가라앉을 때까지 소리 내어 숫자를 세게 합니다. 다른 액체에도 똑같이 합니다. 일부 액체에서는 왜 구슬이 병의 바닥에 닿을 때까지의 시간이 더 오래 걸리는지 아이에게 물어보세요.

밀도가 무엇일까?

　이 실험을 하기 전에, 목욕하면서 장난감은 항상 물에 뜨지만 비누는 욕조 바닥에 가라앉는다는 사실에 아이가 관심을 두게 해 주세요. 그리고 이렇게 말해 주세요. "내일은 왜 장난감이 물에 뜨고 비누는 가라앉는지 알아보자."

준비물

□ 물에 뜨거나 가라앉는 작은 물건들
　　(예시: 숟가락, 머그컵, 목욕 장난감, 코르크 마개, 스펀지)
□ 쟁반
□ 종이
□ 연필
□ 물이 반 정도 찬 커다란 그릇 (예시: 투명한 볼)

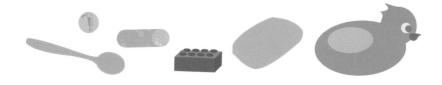

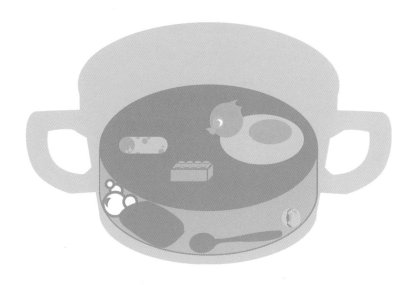

활동 방법

① 물이 튈 수 있으니 작업 공간이 젖지 않게 잘 보호해 주세요. 준비한 물건들을 모두 쟁반 위에 올려놓아요. 종이 위에 물을 담아 놓은 그릇의 옆면 테두리를 그리고 물의 높이를 표시하는 선을 긋습니다.

② 물을 담은 그릇을 아이의 뒤에 둔 채로 준비한 물건들을 아이의 앞에 한 줄로 놓아요. 이제 물에 뜨는 물건들과 물에 가라앉는 물건들을 찾을 거라고 말해 주세요.

③ 부모가 첫 번째 물건을 집어 들고 아이에게 이렇게 말합니다.

"이것은 물에 뜰까, 가라앉을까?"

물건을 조심스럽게 물 위에 놓습니다. 아이에게 추측할 시간을 주면서 나머지 물건들이 물에 뜰지 또는 가라앉을지 시험해 봅니다.

④ 무슨 일이 벌어지는지 아이가 기록할 수 있게 도와주세요. 그릇의 그림에 물건들을 그려 넣으면 도움이 될 거예요. 아이는 물에 가라앉는 물건들과 떠오르는 물건들을 확인하게 됩니다. 물을 표시한 선 위에 있는 물건들과 아래에 있는 물건들을 보여 줍니다.

원리 탐구하기

물속에 물체를 놓으면 물이 그 물체를 밀어 올립니다. 물체의 크기와 상관없이 물보다 가벼우면 물이 그 물체를 위로 밀어 올리기 때문에 물에 뜨게 되지요. 물체가 물보다 무거우면 물체는 물을 옆으로 밀면서 가라앉습니다. 그래서 물에 가라앉는 물체는 뜨는 물체보다 더 큰 밀도를 갖습니다.

더 나아가기

아이가 발견한 것을 기록한 후에 그 물건들이 무엇으로 만들어졌는지 이야기해 보세요. 어떤 물질이 다른 것들보다 물에 더 잘 뜨는지 아이가 결론을 내릴 수 있게 도와주세요. 스펀지를 사용하면 아이는 스펀지가 처음에는 물에 뜨지만 물을 흡수하면서 무거워지고, 곧 가라앉는 것을 보게 됩니다.

5

둥실둥실 달걀 놀이

···

소금은 아이들이 재미있게 탐구할 만한 특징들을 많이 가지고 있어요. 소금이 물에 미치는 영향을 살펴보는 것은 아주 쉬운 실험입니다. 아이는 유리잔 바닥에 있던 달걀이 쉽게 물 위로 떠 오르는 것을 보고 깜짝 놀랄 거예요. 이 활동은 앞선 '밀도가 무엇일까' 활동과 함께 진행할 수 있고, 아이에게 부력의 개념을 소개할 수 있어요.

준비물

☐ 달걀을 담을 수 있을 만큼 큰 투명 유리잔

☐ 달걀

☐ 큰 숟가락

☐ 작은 물병

☐ 소금

☐ 쟁반

활동 방법

① 아이가 준비물들을 담은 쟁반을 작업 공간까지 옮기게 합니다.

② 달걀을 유리잔에 넣을 거예요. 아이에게 이렇게 이야기합니다.

"달걀을 유리잔 안에 부드럽게 내려놓자. 달걀이 깨지지 않게 말이야."

"숟가락을 사용하는 게 편하면 숟가락을 사용해도 좋아."

"이제 유리잔에 물을 채워 보자. 달걀이 물에 완전히 잠겨야 해."

③ 아이와 뒤로 물러앉아서 관찰합니다. "달걀이 어디에 있는지 보이니? 유리잔 바닥에 잘 놓여 있지?"

④ 이제는 아이가 물에 소금을 넣게 합니다. 한 번에 한 숟가락씩 넣고 소금이 잘 녹게 매번 잘 저어 줍니다.

⑤ 소금을 한 숟가락씩 추가할 때마다 무슨 일이 생기는지 관찰합니다. 소금을 두세 숟가락 넣은 후에는 달걀이 물 위로 떠 오를 거예요.

⑥ 아이와 실험 결과에 대해 이야기해 보세요. 왜 이런 일이 생기는지 스스로 생각해 보게 하고, 이유를 물어보세요.

"그러면 왜 이런 일이 가능한지 생각해 볼까? 왜 달걀이 물에 뜰 수 있었을 거라고 생각하니?"

이 활동에 숨은 과학 원리는 아주 단순합니다. 소금물은 소금이 들어있지 않은 물보다 밀도가 더 높아요. 달걀은 소금이 들어 있지 않은 물에서는 가라앉지만, 소금물에서는 달걀을 밀어 올리는 힘 때문에 물에 뜨게 됩니다.

TIP

소금을 넣고 저을 때, 달걀을 유리잔에서 꺼내 두면 편해요.

이 활동은 삶은 달걀로도 할 수 있어요.

균형을 잡아라

아이들은 앉고, 기고, 걷기 시작하는 순간부터 균형을 유지하기 위해 끊임없이 체중을 이동합니다. 자연스럽게 나오는 본능과 같아요. 이번 활동에서는 아이와 함께 간단한 저울을 만들 거예요. 저울을 이용하여 한 물체의 무게와 다른 물체의 무게가 어떻게 균형을 이루는지 관찰할 수 있어요.

준비물

☐ 대나무 꼬치

☐ 종이컵 2개

☐ 30cm(12인치) 길이의 끈 2개

☐ 치마걸이가 달린 옷걸이

☐ 균형을 잡기 위한 물건들 (예시: 구슬, 블록, 클립, 구슬, 보석, 자갈)

☐ 쟁반

활동 방법

① 모든 준비물을 쟁반에 담아 작업 공간으로 이동합니다. 아이에
  게 균형을 잡을 저울 장치를 만들 거라고 설명해 주세요.

② 아이가 대나무 꼬치로 각 종이컵의 상단을 관통하여 찌르도록
  도와주세요. 종이컵 상단 가장자리에서 약 1cm(4분의 1인치)
  떨어진 위치면 됩니다. 종이컵을 꼬치로 관통하여 옆면에 구멍
  을 만들어야 해요.

③ 각 컵에 뚫린 구멍을 통해 아이가 실을 꿰게 합니다. 아이는 실

을 꿴 종이컵을 부모에게 건네주고, 부모는 실에 매듭을 지어서 실을 고정시킵니다. 이제 균형 맞추기 놀이를 위한 종이컵이 준비되었네요.

④ 문이나 찬장 손잡이에 옷걸이를 걸어 주세요. 아이의 손이 쉽게 닿을 수 있는 곳이면 됩니다. 이제 아이를 저울 놀이에 초대합니다. 각 종이컵에 물건을 채우고 옷걸이의 치마 걸이에 종이컵을 매달아요.

⑤ 아이에게 저울을 보면 어느 종이컵이 더 무거운지 알 수 있다고 말해 주세요. 무거운 컵은 가벼운 컵보다 더 아래로 내려갈 거예요. 아이가 여러 물건을 이용하여 균형을 잡으며 놀게 하세요. 양쪽 종이컵의 균형을 맞추기 위해 아이가 물건을 더하거나 빼는지 살펴보세요.

자석에 붙여 봐요

아이의 손과 눈의 협응력을 발달시키면서, '자기장'이라고 하는 매력적인 세계를 소개해 주기에 훌륭한 활동이 여기에 있어요. 아이는 이 놀이를 하면서 여러 물건을 분류할 수 있게 됩니다. 자성이 있는 물건들과 그렇지 않은 것들로 분류하는 거지요.

준비물

☐ 집에 있는 물건들 (예시: 크레용, 지우개, 열쇠, 불독 클립, 금속 티스푼, 큰 구슬, 큰 동전, 피규어, 장난감 자동차)
☐ 쟁반
☐ 크고 강한 자석

활동 방법

① 가정에 있는 다양한 물건을 쟁반 위에 담고, 선택한 작업 공간으로 이동합니다.

② 아이에게 자석이 무엇인지, 어떻게 작동하는지 설명해 주세요.

③ 아이에게 자석을 사용하여 쟁반 위에 있는 각각의 물건을 '집어 올려' 보게 하세요.

④ 물건들을 두 더미로 나누어 보라고 말해 주세요. 한 더미는 자석에 붙는 것들이고, 나머지 하나는 붙지 않는 것들입니다.

⑤ 물건들을 분류하는 것이 끝나면 아이에게 그 물건들을 다시 쟁반에 담게 하면서 활동을 마무리합니다. 아이가 원한다면 금속으로 된 물건들은 자석을 이용해서 옮기게 해도 됩니다.

도움말

아주 어린 아이들과 이 놀이를 한다면 아이가 혹시라도 삼킬 수 있을 정도로 작은 물건들은 없는지 꼭 확인하세요.

자석은 자기장을 만들어 내는 물체입니다. 자기장을 띠는 물체는 철로 만들어진 물체를 끌어당깁니다. 많은 금속 물체가 철로 만들어져 자성이 있습니다.

어리지 않은 아이들과는 실험을 시작하기 전에 쟁반 위에 담은 물건들에 대해 이야기하는 것도 좋아요. 어떤 것들이 자성을 띨 것 같은지 아이들에게 물어보세요.
자성을 띠는 부분과 그렇지 않은 부분을 모두 가지고 있는 물건들도 활용해 보세요. 각 부분이 자석에 대해 어떻게 반응하는지 보여 줄 수 있어요. 금속 스프링이 달린 나무 옷걸이, 플라스틱 장식이 붙은 금속 열쇠고리, 손잡이가 플라스틱으로 되어 있는 금속 숟가락 등을 이용해 봐요.

마찰력이 무엇일까?

우리를 둘러싸고 있는 세상에는 보이지 않는 힘들이 작동하고 있어요. 아이들은 이런 추상적인 개념을 어려워해요. 마찰에 대해 소개하면서 아이에게 저항의 개념을 소개할 수 있어요. 이 활동을 통해 브레이크가 어떻게 작동하는지, 신발 밑바닥이 어떻게 젖은 길에서 우리가 넘어지지 않게 하는지 설명할 수 있어요.

준비물

☐ 투명한 플라스틱병
☐ 깔때기
☐ 쌀
☐ 나무 숟가락
☐ 쟁반

활동 방법

① 준비물들을 쟁반에 담고 선택한 작업 공간으로 이동합니다.

② 아이에게 '마찰력'이라고 불리는 힘에 대해 탐구할 거라고 알려
주고, 마찰력이 어떻게 작동하는지 설명해 주세요.

③ 아이가 투명한 플라스틱병을 쌀로 가득 채우게 합니다. 깔때기
를 사용해도 괜찮아요.

④ 이제 아이가 나무 숟가락의 손잡이를 쌀로 가득 찬 병 속으로
깊이 밀어 넣게 합니다. 아이에게 이렇게 물어보세요.

"쌀 사이로 숟가락을 밀어 넣는 것이 힘들지 않니?"

그리고 여기에는 마찰력이 작용하고 있다고 설명해 주세요. 아
이가 숟가락을 아래로 미는 동안 숟가락과 쌀 사이에 생긴 마
찰력이 위로 작용하는 거예요.

⑤ 아이가 숟가락을 병 바닥까지 밀어 넣을 수 있게 도와주세요. 작업대 위에 병을 살짝 두드려 쌀이 숟가락 둘레에 잘 자리 잡게 합니다.

⑥ 이제 아이가 손으로 스푼만 잡고 병을 들어 올리게 해 보세요. 병을 쉽게 들어 올릴 수 있을 거예요. 아이에게 이것은 마찰력 때문에 가능한 거라고 설명해 주세요. 아이가 숟가락을 들어 올리는 동안, 숟가락과 쌀 사이에 생긴 마찰력은 아래로 작용하는 거예요.

원리 탐구하기

마찰은 두 표면이 서로 문질러지면서 생기는 힘이에요. 마찰력은 어떤 물체가 움직이는 방향의 반대 방향으로 작용해요. 서로 마찰하는 재료의 표면이 거칠수록(이 실험에서는 마찰하는 쌀알이 많을수록) 마찰력이 더 강해집니다.

더 나아가기

아이가 양손을 아주 빠르게 비빌 수 있도록 한 다음, 아이에게 이렇게 물어보세요.
"손이 따뜻해지지 않았니?"
이 현상은 마찰이 열을 만드는 것이라고 설명해 주세요.

비밀 요원이 되어 봐요

아주 간단하지만 모든 연령의 아이들이 좋아하는 활동이 있습니다. 특히 이제 걸음마를 시작한 아이들에게는 마술처럼 보일 거예요. 어리지 않은 아이들은 이 방법을 사용하여 은밀한 메시지를 남겨 놓고 마치 비밀 요원인 척하기도 해요.

준비물

☐ 베이킹 소다 1큰술

☐ 물 1큰술

☐ 작은 사발

☐ 종이

☐ 면봉

☐ 칵테일 스틱 (선택 사항)

☐ 작은 붓 (제과용 붓)

☐ 작은 그릇에 담긴 포도 주스

☐ 쟁반

활동 방법

① 준비물들을 쟁반 위에 담고 작업 공간으로 이동합니다.

② 아이에게 보이지 않는 잉크를 만들 거라고 말해 주세요. 아이가 베이킹소다와 물을 작은 사발에 섞게 해요.

③ 깨끗한 종이를 아이 앞에 펴 놓고, 아이에게 앞서 만든 잉크로 종이 위에 무언가를 그려보게 합니다. 면봉을 사용하세요.

④ "행복한 얼굴이나 슬퍼 보이는 얼굴을 그려 보자"라고 말해 주세요.

⑤ 여러분도 그리고 싶은 무늬를 그려 보세요.

⑥ 어리지 않은 아이들은 칵테일 스틱을 사용하여 비밀 메시지를 적어 볼 수 있어요.

⑦ 종이가 다 마르면 아이가 붓에 포도주스를 묻혀 종이 위에 바르게 해요.

⑧ 마치 마술처럼 아이가 그린 얼굴과 여러분이 그린 그림이 모두가 다 볼 수 있을 정도로 선명하게 나타날 거예요.

원리 탐구하기

이것은 알칼리와 산 사이에 발생하는 간단한 화학 반응입니다. 베이킹소다는 알칼리성이고 포도주스는 산성이에요. 알칼리성은 산성과 반응하여 다른 색을 만들어 내요.

카멜레온 꽃

물감을 이용해서 꽃이 흡수한 물이 꽃부리까지 이동한 길을 추적할 수 있어요. 셀러리를 잘라서 물이 식물의 모세관을 통해 어떻게 이동했는지 확인하는 추가 활동도 할 수 있어요.

준비물

☐ 줄기가 긴 흰색 카네이션 1~2개 (물을 반쯤 채운 꽃병에 꽂아 주세요.)
☐ 종이
☐ 색연필
☐ 식용 색소 (물감)
☐ 티스푼

활동 방법

① 카네이션을 꽂은 꽃병을 아이 앞에 놓고, 종이 한 장을 아이 앞에 펼친 다음 이렇게 설명해 주세요.

② "이제 꽃이 어떻게 물을 흡수하는지 알아볼 거야. 종이 위에 꽃을 꽂은 꽃병을 그려 보렴. 가장 왼쪽에 그려야 해. 우리는 앞으로 꽃병 그림을 2개 더 그릴 거니까."

③ 아이에게 물감 몇 방울을 물에 떨어뜨리게 합니다. 색이 골고루 섞이도록 티스푼으로 물을 젓게 하세요.

④ 이제 아이에게 첫 번째 그림 바로 옆에 두 번째 그림을 그리게 하고, 물이 무슨 색인지 물어보세요. 꽃을 2~3시간 동안 그대로 둡니다.

시간이 흐른 뒤 다시 꽃을 확인합니다. 아이는 꽃부리가 더 이상 하얀색이 아니라 물감과 같은 색으로 변했다는 사실을 발견할 거예요. 꽃에 무슨 일이 생긴 것 같은지 물어본 다음, 아이의 이해를 돕기 위해 이렇게 설명해 주세요.

"이건 우리가 빨대로 물을 마시는 것과 비슷한 거야. 꽃의 줄기가 빨대와 같은 역할이지."

⑤ 마지막으로 아이에게 세 번째 그림을 그리게 하세요. 꽃부리가 물감 색으로 물든 그림이지요. 아이가 각 그림에 숫자를 매기고 '색이 변한 꽃'과 같은 설명을 적어 보게 하는 것도 좋아요.

셀러리를 이용해서 이번 활동을 반복해 보세요. 한쪽 끝을 잘
라내 주세요. 그러면 셀러리가 물을 흡수할 거예요. 시간이 흐
른 뒤에 셀러리를 여러 토막으로 자릅니다. 아이는 물감이 셀
러리의 줄기를 따라서 이동했다는 것을 발견할 거예요. 줄기
의 맨 윗부분의 색이 맨 아래쪽 색만큼 진하지 않다는 것도
눈치챌 수 있어요. 물이 '모세관'이라는 작은 통로를 통해 위
로 이동한 거라고 설명해 주세요.

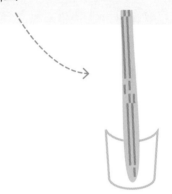

나뭇잎 짝짓기

이번 활동은 비가 오는 날 할 수 있어요. 자연에 대한 아이의 관심을 지속시킬 수 있고, 아이의 기억력을 발달시킬 수도 있을 거예요. 일종의 '짝짓기' 놀이입니다. 아이는 자기만의 카드 세트를 만들면서 잎사귀 수집 경험과 자연에 대한 지식을 머릿속에 떠올릴 거예요.

준비물

☐ 워크시트 2 (251쪽)

☐ 넓은 카드 종이 2장

☐ 딱풀

☐ 색연필

☐ 가위

활동 방법

① 워크시트를 두 번 복사해서 각 페이지를 카드에 붙입니다.

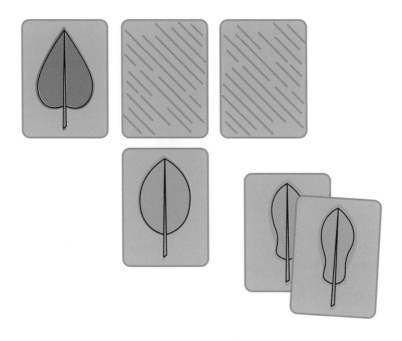

② 아이에게 똑같이 생긴 모양의 나뭇잎 각 쌍에 색을 칠하게 해
요. 각 쌍은 서로 다른 색으로 칠해야 합니다. 예를 들면 초록
나뭇잎 1쌍, 노란 나뭇잎 1쌍, 주황 나뭇잎 1쌍, 빨간 나뭇잎 1
쌍, 갈색 나뭇잎 1쌍으로 준비할 수 있어요.

③ 카드 종이 1장을 꺼내세요. 색칠한 나뭇잎 워크시트를 카드 종
이 위에 붙입니다. 각각의 나뭇잎 카드를 천천히 조심스럽게 오
려 내는 것을 아이에게 잘 보여 주세요. 두 번째 카드 종이에 나
머지 워크시트를 붙입니다. 이번에는 아이가 나뭇잎 카드를 오
려 내게 하세요.

④ 이제 놀이를 할 준비가 되었네요. 아이와 함께 바닥에 앉습니

다. 카드를 섞고 카드의 앞면이 바닥을 향하게 뒤집어서 일렬로 아이 앞에 배열하고, 아이에게 이렇게 말해 주세요.

"이제 카드를 하나씩 번갈아 뒤집으면서 서로 일치하는 나뭇잎을 찾아보자."

⑤ 카드를 서로 하나씩 번갈아 뒤집으면서 놀이를 시작해요. 부모님이 먼저 합니다. 일치하는 카드를 뽑으면 옆으로 빼놓으세요. 일치하지 않으면 다시 앞면이 아래로 향하게 덮어둡니다. 이제 아이의 차례입니다. 아이에게 카드 2장을 골라 뒤집어 보게 해요.

⑥ 놀이를 진행하다 보면 카드 위에 그려진 나뭇잎이 노출됩니다. 아이가 일치하는 카드가 어디에 있는지 기억하는 것을 힘들어하면 이렇게 말해 보세요.

"이 나뭇잎은 조금 전에 저기 어디서 본 것 같은데."

"똑같이 생긴 잎이 어디에 있는지 알고 있지?"

TIP

나이가 아주 어린 아이들과는 카드 3쌍으로 놀이를 시작하세요.

나뭇잎이 변해요

이번에는 광합성 과정을 소개하는 활동입니다. 이 활동을 통해 나무의 중요성을 강조할 수 있어요. 나무는 산소를 만들어 내고 우리는 그 산소로 숨을 쉴 수 있으니까요. 아울러 상록수와 낙엽수의 차이점을 설명할 수도 있습니다.

준비물

☐ 11번 활동의 '나뭇잎 짝짓기' 카드 한 세트

활동 방법

① '나뭇잎 모양 짝 맞추기' 활동을 아직 하지 못했다면 '나뭇잎 모양 짝 맞추기' 활동의 1~3단계에 따라 카드 세트를 준비하세요.

② 아이에게 어떤 나무들(낙엽수)은 봄에 새잎이 나고 여름 내내 녹색을 유지하다가 가을에는 노란색, 주황색이나 빨간색으로 변하고 나서 갈색이 된다고 설명해 주세요. 이것은 봄에 새로운 잎이 나올 자리를 만들기 위해서 나뭇잎이 죽기 때문이지요.

③ 계속해서 광합성 과정을 아래의 원리 탐구하기를 참고해서 자세히 설명해 주세요.

④ 나뭇잎 카드 5개를 앞면이 보이게 아이 앞에 무작위로 꺼내어 놓습니다. 아이에게 변화의 단계를 보여주는 카드 3장을 고르게 해요. 아이는 녹색 카드 1장, 노란색 카드 1장, 주황색이나 빨간색 카드 1장, 그리고 갈색 카드 1장을 골라야 해요. 아이가 카드를 잘 고르지 못하면 아이에게 색이 변화하는 과정에 대해 힌트를 주세요.

원리 탐구하기

식물은 '광합성'이라는 과정을 통해 공기 중에 있는 이산화탄소를 산소로 바꿉니다. 광합성을 위해 식물에는 햇빛과 물이 필요해요. 식물의 잎 안에는 '엽록소'라는 화학 색소가 햇빛을 흡수합니다. 나뭇잎이 녹색인 것은 엽록소 때문입니다. 가을에는 햇빛의 양이 줄어들고 엽록소가 분해됩니다. 이 과정에서 나뭇잎이 녹색에서 노란색, 갈색으로 변하고 땅에 떨어지는 거예요.

13

무슨 색이 될까?

색깔은 아이의 세계에서 아주 중요한 역할을 하고, 아이가 어떤 개념을 형성하는 데 도움이 됩니다. 이번 놀이는 색과 그 구성의 과학을 알려줄 거예요. 기본적인 3가지 색으로 시작하고, 기본색들을 섞어서 이차색을 만들 수 있어요. 이외에도 더 많은 색상 혼합 활동이 있습니다. 색 잉크와 압지를 사용하여 더 나아가기 활동을 해 볼 수도 있어요.

준비물

☐ 빨간색, 노란색, 파란색 포스터 페인트

☐ 지름이 약 25cm(10인치)인 종이 접시 10개

☐ 검정 펠트펜

☐ 두꺼운 페인팅 붓 3개

☐ 작고 검은색 펠트지 또는 종이 조각

☐ 가위

☐ 오래된 신문지

활동 방법

① 작업 공간 표면을 오래된 신문지로 덮고, 페인트를 접시에 덜어냅니다. 종이접시를 테이블 위에 놓아요. 펜으로 접시 바닥을 3등분하여 표시합니다.

② 아이에게 빨간색, 노란색, 파란색을 보여 주고 3등분 표시가 된 접시에 각각의 색을 칠하게 해요. 그리고 이렇게 이야기해요. "이 세 가지 색을 가지고 다른 색깔들을 만들 거야."

③ 아이가 한 접시 바닥은 파란색으로, 다른 접시는 빨간색으로 칠하게 해요. 접시를 하나 더 꺼낸 후 부모가 빨간색 페인트를 접시에 조금 붓고 아이에게 파란색을 더하게 합니다. 아이에게 두 색을 섞어 보도록 하고 무슨 색이 만들어지는지 물어보세요.

④ 노란색과 빨간색으로 3단계를 반복합니다. 아이에게 노란색과 빨간색을 섞으면 무슨 색이 만들어지는지 물어보세요.

⑤ 노란색과 파란색 페인트로 다시 해 보고 아이에게 노란색과 파란색을 섞으면 무슨 색이 만들어지는지 물어보세요.

⑥ 첫 번째 접시 위에 칠했던 기본색 3개부터 시작해서 색깔들을 복습합니다.

⑦ 검은색 펠트나 종이로 더하기(+) 기호 3개, 등호(=) 3개를 만드세요. 접시들로 더하기 수식처럼 만들어서 벽에 전시해 봐요.

예시) 파란색 + 빨간색 = 보라색

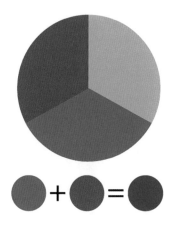

빨간색, 노란색, 파란색 색소나 물감을 사용해서 압지 위에 색을 섞어 봐요. 아이에게 물에 적신 스펀지로 종이를 문지르게 해요. 빨간색 물감을 종이 위에 몇 방울 떨어뜨리게 하고, 파란색 물감도 똑같이 떨어뜨려요. 그리고 두 색을 함께 누르는 방법을 아이에게 보여 줍니다. 빨간색 물감과 파란색 물감이 섞여 보라색이 만들어져요. 같은 방식으로 다른 색들도 섞어 보세요. 이렇게 색을 섞는 방식은 '나비 만들기' 같은 미술 놀이에도 사용됩니다.

소금을 만들어요

우리는 '둥실둥실 달걀 놀이' 활동에서 소금이 물에 녹는 것을 보았어요. 이번에는 소금이 고체 상태로 되돌아갈 수 있다는 것도 알게 될 거예요. 그뿐 아니라, 이 과정에서 만들어진 물에는 소금이 없기 때문에 마실 수도 있어요. 이 활동을 위해서는 약간의 인내심과 햇빛이 필요합니다.

준비물

☐ 물 200ml
☐ 넓고 얕은 그릇
☐ 소금
☐ 큰 숟가락
☐ 작고 오목한 그릇
☐ 비닐 랩
☐ 조약돌

활동 방법

① 집이나 정원에서 햇빛이 잘 드는 곳을 찾아보세요. 며칠 동안 방해받지 않고 실험할 수 있는 곳이어야 해요.

② 작업 공간에서 직접 작업하면서 물의 순환 과정을 통해 소금물을 식수로 바꿀 것이라고 아이에게 설명해 주세요.

③ 아이가 넓고 얕은 그릇에 물을 붓게 해요. 아이가 한 번에 소금을 한 숟가락씩 넣고 녹을 때까지 젓도록 도와주세요. 소금물이 포화 상태가 되고 소금이 녹지 않으면 더 이상 추가하지 않아도 됩니다. 두세 숟가락이면 충분할 거예요.

④ 아이가 작고 오목한 그릇을 넓고 얕은 그릇 중앙에 놓게 해요. 이때, 소금물이 작고 오목한 그릇 안으로 들어가지 않도록 조심해야 해요. 그릇의 높이가 소금물보다 높아야 합니다.

⑤ 아이가 넓고 얕은 그릇을 비닐 랩으로 밀봉할 수 있게 도와주세요. 그리고 비닐 랩 중앙에 조약돌을 놓아요. 랩이 살짝 내려앉으면서 움푹 파이게 됩니다. 움푹 파인 부분은 작은 그릇 바로 위쪽에 위치할 거예요.

⑥ 지금부터는 태양이 도와줄 거예요. 우리는 기다리면 됩니다. 태양이 소금물에 열을 가하면 물이 증발할 거라고 설명해 주세요. 물이 기체로 변하고 위로 올라옵니다. 수증기가 비닐 랩에 닿으면 열이 식으면서 물방울로 바뀌고, 움푹 파인 부분 때문에 물방울이 작은 그릇 위로 떨어질 거예요.

⑦ 몇 시간 또는 며칠이 지나면 소금물이 완전히 기화되고 접시 위에 미세한 소금 결정체의 층이 남은 것을 확인할 수 있습니다. 그리고 작은 그릇에는 깨끗한 식수가 담겨 있을 거예요.

(TIP)

큰 그릇 안에 놓아 둔 작은 그릇이 물에 떠오를 수도 있어요. 돌을 넣어 두면 작은 그릇이 물에 뜨지 않을 거예요.

원리 탐구하기

물의 순환은 액체인 물에 열을 가하면 기체로 바뀌고, 열이 식으면 입자가 응축되어 다시 물로 변하는 간단한 과정입니다. 아이에게 이런 과정을 통해 비가 내리는 것이라고 설명할 수 있어요.

찌릿찌릿! 마법의 정전기

이미 아이에게 고체와 입자, 마찰까지 소개했어요. 이제 아이와 함께 정전기에 대해 알아볼까요? 모든 어린이는 풍선을 가지고 노는 것을 좋아해요. 아이들이 과학을 완전히 이해하기에는 너무 어리지만, 풍선으로 정전기를 일으키는 것을 보면 매우 즐거워할 거예요.

준비물

☐ 풍선

☐ 지퍼백

☐ 가위

☐ 면 행주

☐ 접시

활동 방법

① 준비물을 쟁반 위에 담아서 작업공간으로 이동합니다. 아이에

게 정전기를 함께 만들 거라고 말해 주세요. 정전기가 어떻게 만들어지는지 설명해 주세요.

② 풍선에 바람을 불어 넣고 끝을 단단히 묶어요.

③ 지퍼백에서 플라스틱 조각을 잘라냅니다.

④ 아이에게 행주로 풍선의 표면을 약 30초간 문지르게 해요. 이때 풍선이 터지지 않게 조심해야 합니다.

⑤ 아이가 플라스틱 조각을 작업 공간 위에 평평하게 놓게 합니다. 이번에도 행주로 플라스틱 조각을 약 30초 정도 문지르게 해요.

⑥ 아이에게 플라스틱 조각을 한 손으로 잡고 풍선의 겉면에 놓으라고 말해 주세요. 그동안 부모님은 풍선을 안정감 있게 잡고 있어야 해요.

⑦ 무슨 일이 발생하는지 아이와 이야기해 보세요. 풍선의 양전하와 플라스틱이 서로 밀어내면서 플라스틱이 풍선 위에 떠 있게 됩니다.

원리 탐구하기

우리 주변의 모든 것은 원자라고 불리는 작은 입자로 구성되어 있어요. 원자 내부에는 훨씬 더 작은 입자들이 있어요. 중성자, 양성자 및 전자라고 불리는 것들이지요. 양성자와 전자는 전하(양성자는 양전하, 전자는 음전하)를 가지고 있어요. 이런 전하들은 대부분의 물체에서 고르게 균형을 이룹니다.

때로는 두 물체를 서로 문지르면 마찰에 의해 전자들이 한 물체에서 다른 물체로 이동하게 됩니다. 이때 반대의 전하를 가진 물건들은 서로 끌어당기지만, 같은 전하를 가진 물건들은 서로 밀어냅니다. 마치 자석처럼 말이에요!

이 실험에서 행주를 풍선과 플라스틱 조각에 문지르면 음전하가 두 물체로 이동합니다. 그래서 아이가 플라스틱 조각을 풍선 위에 놓으려 하면 플라스틱 조각이 떠오르는 거예요. 두 물체가 서로 밀어내니까요.

더 나아가기

아이와 함께 풍선을 머리카락에 비벼 보세요. 그렇게 하면 풍선이 전자를 집어 올리면서 음전하를 띠고 머리카락은 양전하를 띠게 됩니다. 반대 전하들은 서로 끌어당기기 때문에 풍선을 머리에 가까이 대면 머리카락이 일어섭니다. 양전하를 풍선으로 옮기려고 하는 거예요.

결정체를 만들어요

....

　이 장의 활동들을 하면서 아이들은 소금의 놀라운 특성에 이미 익숙해졌을 거예요. 그럼 한발 더 나아가 볼까요? 아이가 직접 소금 결정체를 만들 거예요. 이 활동에서는 뜨거운 물을 사용하기 때문에 아주 조심해야 해요.

준비물

　□ 결정체 사진

　□ 매우 뜨겁지만 팔팔 끓지 않는 물 1/2컵

　□ 플라스틱 비커

　□ 사리염(엡솜염) 1/2컵

　□ 손잡이가 긴 숟가락

　□ 식용 색소

　□ 접시

활동 방법

　① 준비물을 쟁반 위에 담고 작업 공간으로 이동해요. 부엌에 있는

식탁이 좋겠네요.

② 아이에게 결정체 사진들을 보여 주면서 이것처럼 반짝거리는 광물을 직접 만들 거라고 말해 주세요. 결정체가 무엇인지, 그리고 어떻게 만들어지는지 설명해 주세요.

③ 뜨거운 물을 플라스틱 비커에 부어 주세요. 여기에 아이가 소금을 넣도록 합니다. 아이가 소금을 넣을 때는 비커를 안정감 있게 잡아 주세요.

④ 비커를 계속 잡고 있습니다. 아이가 물과 소금 혼합물을 잘 젓게 해요. 소금 결정체들이 물에 녹아야 해요. 모든 결정체가 녹지 않아도 괜찮아요. 다 녹지 않은 것들은 비커 바닥에 가라앉을 거예요.

⑤ 아이가 소금 용액에 식용 색소를 몇 방울 떨어뜨리고 다시 저

을 수 있도록 도와주세요.

⑥ 혼합물을 조금 식힌 후에 냉장고에 넣어 아주 차갑게 식혀 주
세요. 2시간 정도 지나면 아이가 만든 결정체들이 자라 있을
거예요.

⑦ 남은 액체를 따라 내고 아이와 함께 결정체를 살펴보세요.

TIP

소금은 광물이고 거의 모든 광물은 결정체를 만들어요. 결정체는 매끄
러운 표면과 규칙적인 기하학적 형태를 가진 고체입니다. 소금은 물에
녹을 수 있지만 물이 증발하면서 결정 상태로 돌아갑니다. 설탕도 정확
히 같은 방식으로 작용해요.

더 나아가기

소금 용액에 끈을 매달면 결정체가 끈 위에 자랍니다.
설탕으로 이 실험을 해 보세요. 그러면 아이는 자기가 직접
만든 결정체를 먹을 수도 있어요. 결정체들은 케이크 위 아이
싱에 올라가는 멋진 장식이 될 수도 있어요.

3장

즐거운 만들기 놀이

이 장에서는 아이들이 과학 지식을 쌓는 데 도움이 되는 것들을 만들어 볼 거예요. 아이들은 물건을 만들면서 만족감을 느낄 수 있지요. 나침반, 연, 해시계, 풍향계뿐 아니라 비누와 향을 만드는 놀이를 함께 해 봐요. 이 모든 활동은 아이들을 깜짝 놀라게 할 겁니다. 이 장을 시작하면서 아이들의 경험을 기록할 자연 일기장을 만들어야 해요.

자연 일기장 만들기

자연 일기장을 사용하면서 아이들은 기록하는 것에 대한 개념을 배웁니다. 아이들은 다양한 활동을 한 후에 일기장에 기록을 남길 수 있어요. 활동하면서 수집한 '전시품'들을 보관하고 진행 중인 활동과 실험에 대한 기록도 남길 수 있지요.

준비물

☐ A4 용지 크기의 스케치북 또는 스크랩북

☐ 색연필

☐ 접착제

☐ 가위

☐ 접착 테이프 또는 스테이플러

☐ 작고 투명한 가방

활동 방법

① 스케치북이나 스크랩북의 첫 페이지에 '나의 자연 일기장'이라고 쓰세요. 아이가 글씨를 쓸 수 있다면 자기 손으로 직접 쓰는 게 좋아요.

② 자연과 함께하는 활동을 하면서 아이가 일기장에 기록할 수 있는 사물들을 모으고 수집할 수 있게 도와주세요. (예시: 조개껍데기, 나뭇잎, 깃털, 꽃, 씨앗 등)

③ 활동을 진행한 날마다 일기장에 수집한 물건을 붙여야 해요. 그렇지 않으면 언제 그 물건을 수집했는지 기억하지 못할 거예요.

아이가 새로운 페이지 맨 위에 날짜를 쓰고 나서, 그 활동을 설명하는 제목을 붙일 수 있게 도와주세요. (예시: 길 따라 흔적 찾기, 나뭇잎의 모양들)

④ 조개껍데기나 깃털 같은 수집품들은 작고 투명한 봉지에 담아요. 풀이나 스테이플러로 봉지 입구를 잘 막아주세요. 수집한 물건이 아무것도 없는 날에는 아이가 무엇을 했는지 그림을 그리게 하는 것도 좋아요.

⑤ 글을 쓸 수 있는 아이들은 페이지 아래쪽에 그날 한 것들에 대해 한두 문장 정도 쓰게 하세요. 매달 아이와 함께 일기장을 복습합니다. 각 활동들을 훑어보면서 아이가 무엇을 했는지 기억하는지 물어보세요. 아이가 대답하기 전에 그림이나 수집품들을 볼 시간을 충분히 줘야 해요.

똑같은 방식으로 '과학 일기장'을 만들어 보세요. 아이가 부모와 함께한 과학 활동들과 실험들에 대해 기록할 수 있게 도와주세요.

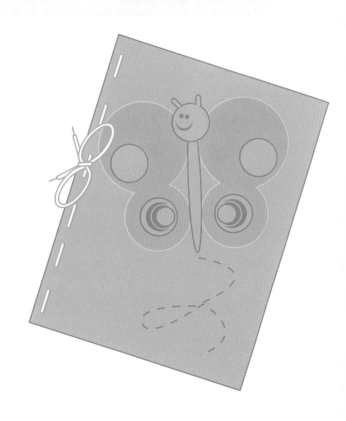

낙하산을 펼쳐라

모든 아이가 이 놀이를 사랑합니다. 아이들이 가장 좋아하는 장난감과 함께 놀이할 수 있으니까요. 아이들은 자신들의 인형을 위한 낙하산을 만듭니다. 그리고 누구의 낙하산이 인형을 가장 오랫동안 공중에 머무르게 하는지 볼 거예요. 이 놀이는 여러 아이와 함께할 때 정말 재미있습니다.

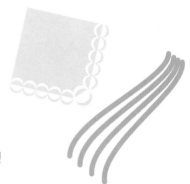

준비물

☐ 끈
☐ 가위
☐ 인형을 위한 손수건
☐ 인형 (예시: 곰인형)

활동 방법

① 낙하산을 만들면서 시작합니다. 인형

에 사용할 끈을 40cm 길이로 잘라서 4개 준비하세요.

② 잘라 놓은 끈들의 한쪽 끝을 손수건의 각 모서리에 묶어 주세요. 아이들이 끈을 묶을 수 있게 도와주세요.

③ 끈들의 나머지 끝부분을 인형의 양팔에 단단히 묶습니다.

④ 아이들이 인형의 낙하산이 잘 작동하는지 시험해 보게 하세요. 시합을 하기 전에 놀이에 대한 아이디어가 아이들의 머릿속에 떠오를 거예요.

⑤ 모든 낙하산이 완성되면 아이들을 일렬로 세우세요.

⑥ 아이들에게 인형을 가능한 높이 들어 올리라고 하세요. 2층 침대나 난간 또는 뒤뜰로 나 있는 창문 밖으로 떨어뜨릴 수 있다면 훨씬 더 좋습니다.

⑦ 아이들에게 셋을 센 후에 인형을 손에서 놓으라고 말하세요. 땅

에 가장 늦게 땅에 닿은 인형이 승리자입니다.

(TIP)

아이들이 사인펜이나 색연필로 낙하산을 장식하는 것도 좋아요.

더 나아가기

아이들이 담요의 가장자리 둘레 끝을 잡게 한 후에 인형들을 중앙에 놓습니다. 그러고 나서 인형들을 허공으로 던지는 놀이를 해 보세요.

3

보물 지도를 만들어요

나이를 불문하고 아이들은 보물찾기 놀이를 좋아해요. 값비싼 장난감을 사는 대신에 보물 지도를 만들어 보세요. 아이들에게 훨씬 더 큰 기쁨을 줄 수 있어요. 아이들은 보물을 찾는 놀이에 결코 싫증을 내지 않습니다.

준비물

☐ 티백 2개

☐ 주전자

☐ 아이들이 참고할 만한 지도들

☐ 보물 지도 워크시트 (252쪽, 선택 사항)

☐ A3용지 (아이 1명당 1장씩)

☐ 큰 그릇

☐ 컬러 펠트펜 또는 크레용

활동 방법

① 주전자에 티백을 넣고 차를 우려내면서 시작해요. 우려낸 차는

식혀 주세요.

② 차가 식는 동안 아이와 함께 지도를 살펴보세요. 길을 찾기 위해 어떻게 지도를 활용하는지에 대해 이야기합니다. 지도의 파란색 부분은 물을 나타낸다고 설명해 주세요.

③ 252쪽에 있는 워크시트를 활용하세요. 워크시트에 자신만의 특징들을 추가해도 되고, 처음부터 빈 종이로 시작해도 괜찮아요. 워크시트를 활용한다면 A3 종이에 복사하세요.

④ 아이에게 "보물을 찾는 것을 도와줄 나만의 낡은 지도를 만들 거야"라고 말해 주세요.

⑤ 차가 다 식으면 차를 그릇에 옮겨 담으세요. 아이에게 종이의 가장자리를 어떻게 찢어 내는지 보여 주세요. 그리고 종이를 접은 후에 그릇에 담가 주세요. 아이에게 이렇게 말하세요.

"종이를 차에 담그면 종이가 무슨 색으로 변할 것 같니? 종이를 2시간 정도 담가 두자."

⑥ 시간이 지난 후, 아이가 종이를 조심스럽게 꺼낼 수 있게 도와 주세요. 종이에서 물을 제거하고 바닥에 활짝 펴서 건조합니다.

⑦ 종이가 다 마르면 아이에게 이렇게 말합니다.

"보물은 어느 섬에 숨겨져 있을 거야."

⑧ 아이가 섬의 윤곽선을 그리도록 도와주세요. 그리고 섬을 뭐라고 부를지 물어보세요. 섬의 이름을 지도에 적습니다.

⑨ 아이에게 보물이 어디에 숨겨져 있는지 물어보고 그 지점에 X

표시를 합니다. 그리고 이렇게 말해 주세요.

"X 표시까지 길을 점선으로 표시해 보자."

⑩ 보물 상자, 야자수, 난파선, 상어 지느러미, 악어 늪, 유사(바람이
나 물에 의해 아래로 흘러내리는 모래), 인어, 돌고래, 고래 등으로
지도를 채워요. 물이 있는 곳은 파란색으로 칠합니다.

쓱싹쓱싹 비밀 나뭇잎

아이들은 물건들을 숨겨 놓고 저장하는 버릇이 있어요. 마치 다람쥐처럼 말이에요. 아이들은 정원에서 '보물'을 찾은 후에 비밀로 하는 것을 좋아해요. 이 활동은 아이들의 이런 특성을 이용합니다. 동시에 아이들은 나뭇잎은 서로 다른 '가족'에 속하고 각자 고유한 이름을 가진다는 것을 배울 수 있어요,

준비물

□ 다양한 나뭇잎
□ 나뭇잎을 담을 그릇
□ 흰색 A4 용지 여러 장
□ 크레용 (가능하면 나뭇잎들과 같은 색상)

활동 방법

① 공원이나 정원에 가면 아이에게 모양이 서로 다른 나뭇잎을 수집하게 합니다. 예를 들어, "별처럼 생긴 나뭇잎을 찾아볼까?"

또는 "길쭉하고 폭이 좁은 나뭇잎을 찾아볼까?"라고 말해 주세요. 이런 식으로 다양한 나뭇잎을 수집해야 합니다. 4~6종의 나뭇잎을 종류별로 여러 개 모아야 합니다.

② 집에 돌아오면 나뭇잎들을 적당한 그릇에 담아 주세요. 각각의 '나뭇잎 가족'에서 나뭇잎을 한 개씩 꺼내어 테이블 위에 한 줄로 놓습니다. 나머지들은 아이가 직접 하게 합니다.

③ 하얀 종이를 꺼내고 나뭇잎 중 하나를 종이 아래에 놓습니다. 크레용으로 종이 위를 문지르면 나뭇잎과 나뭇잎의 자세한 모습이 종이 위에 드러납니다. 크레용을 살짝 비스듬히 해서 넓은 면으로 문지르면 나뭇잎 그림이 더 잘 나타날 거예요.

④ 아이가 다른 나뭇잎으로 따라 해 보게 하세요. 아이가 크레용을 문지르는 동안 종이를 잘 잡아 주세요.

(TIP)

크레용을 문지르는 것은 아이들에게 까다로운 동작일 수 있어요. 일정한 힘을 주면서 바깥쪽으로 강하게 밀어야 하니까요. 아이는 부모의 도움이 필요할 수도 있고 두껍고 품질이 좋은 종이가 필요할 수도 있어요.

더 나아가기

돋보기로 나뭇잎을 자세히 조사할 수도 있어요. 잎맥과 다른 세부 사항들을 관찰할 수 있을 거예요. 나뭇잎을 문지르는 대신에 포스터물감을 사용해서 나뭇잎을 종이에 눌러 찍을 수도 있어요. 나이가 어린 아이들에게는 이 방식이 더 쉬울 수도 있습니다.

내가 만든 비눗방울

아이들은 비눗방울 놀이를 좋아해요. 바람을 타고 둥둥 떠다니는 비눗방울은 마치 마법처럼 보이기도 해요. 심지어 비눗방울이 공중에서 터지는 것까지 볼 수 있어요. 이번 활동에서는 아이들이 자신만의 비눗방울 지팡이를 만들 거예요. 세제마다 조금씩 다르기 때문에 세제의 양을 맞추는 것은 약간의 실험이 필요할 수도 있어요.

준비물

□ 다양한 색상의 파이프 클리너 3~4개

□ 물 (약 60ml)

□ 유리잔

□ 큰 숟가락

□ 주방용 세제

□ 쟁반

활동 방법

① 준비물을 쟁반에 담고 작업 공간으로 이동합니다. 아이에게 정원에서 비눗방울 놀이를 할 거라고 말해 주세요.

② 아이에게 좋아하는 색의 파이프 클리너를 고르게 하고 이렇게 말해 주세요.

"먼저 비눗방울 지팡이를 만들어 볼까?"

③ 아래 동작을 아이가 따라 할 수 있도록 보여 주세요.

★ 파이프 클리너를 반으로 접고 양쪽 끝을 함께 비틀어요.

★ 양 끝을 단단하게 비틀어 주세요. 그래야 지팡이의 기둥을 견고하게 만들 수 있어요.

★ 기둥 상단의 구부러진 곳에서 약 2.5cm 정도 되는 지점까지 계속 꼬아 주세요. 파이프 클리너의 측면을 열어서 동그란 고리를 만듭니다.

★ 지팡이가 완성되면 옆에 잘 놓아두세요.

④ 이제 아이에게 유리잔에 물을 붓게 해요. 그리고 아래 순서로 진행합니다.

★ 아이가 숟가락을 들게 해요.

★ 숟가락에 세제를 짜 주세요. 이때 아이가 숟가락을 잘 쥐고 있어야 해요.

★ 숟가락을 물에 담그고 부드럽게 젓도록 도와주세요.

★ 반복해서 세제 2~3숟가락 정도를 추가해요.

⑤ 이제 정원에서 비눗방울 놀이를 할 준비가 되었네요.

TIP

비눗방울이 좀 더 오랫동안 지속되게 하려면 글리세린 또는 옥수수 시럽 1티스푼을 넣고 사용하기 전에 하루 정도 묵혀 주세요.

더 나아가기

동그란 고리 대신에 다양한 모양을 만들어 보세요. 다양한 모양의 비눗방울을 만들 수 있어요.

어떻게 버터가 될까?

아이들은 이 놀이의 결과물을 보면 깜짝 놀랄 거예요. 우리는 슈퍼마켓에서 식료품을 살 때 원산지가 어디인지, 어떻게 만들어졌는지 살펴보지 않고 구매하는 경향이 있습니다. 이 놀이를 통해 버터는 유제품이고, 집에서 크림을 이용해 간단히 만들 수 있다는 것을 알 수 있어요.

준비물

☐ 더블 크림(유지방 함량이 높은 크림)
☐ 뚜껑을 돌려 닫는 유리병

활동 방법

① 아이가 병을 크림으로 반쯤 채우게 하고 뚜껑을 잠급니다.

② 이제 흔들 시간입니다. 병을 손에 쥐고 여러 번 흔들어 주세요. 유리병을 아이에게 건네주고, 아이에게 똑같이 병을 흔들라고 말해 주세요.

③ 번갈아 가며 병을 계속 흔들어 줍니다. 몇 분 동안 아주 격렬하게 흔들어야 해요.

④ 액상 크림이 휘핑크림이 되는 지점을 기록해 둡니다. 아마 5분 정도 거세게 흔들면 될 거예요. 병뚜껑을 열고 아이에게 크림을 보여 줍니다. 심지어 맛을 봐도 괜찮아요!

⑤ 더 세게 흔들면 액체(버터밀크)가 버터에서 분리되기 시작하고, 버터는 덩어리가 되어갑니다. 이렇게 되기까지 약 5분에서 10분 정도 걸릴 거예요.

⑥ 버터가 고체 덩어리가 되면 1분 정도 더 계속해서 병을 흔들어 주세요.

⑦ 병뚜껑을 열고 액체를 밖으로 따라 내세요.

⑧ 버터를 찬물에 헹구고 주무르며 살짝 치댑니다. 이제 먹어 볼까요?

도움말

음식을 다룰 때마다 손과 식기를 청결히 해야 한다고 강조해 주세요. 세균이 자란 음식을 먹으면 배가 아플 수 있다고 설명해 주세요.

조물조물 슬라임

고체와 액체 사이 어딘가에 있는 '슬라임'은 아이들의 감각을 훈련시켜 주는 훌륭한 장난감이에요. 이 혼합물은 부드러운 점토 같은 물질입니다. 너무 끈적거리지 않아서 아이들이 손으로 쉽게 조작할 수 있어요.

준비물

□ 옥수수 가루 300g

□ 크고 움푹한 그릇 (믹싱 볼)

□ 나무 숟가락

□ 주방용 세제 100ml

□ 쟁반

활동 방법

① 준비물을 모두 쟁반에 담고 작업 공간으로 이동합니다.

② 아이에게 옥수수 가루를 그릇에 담아 보라고 합니다.

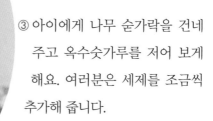

③ 아이에게 나무 숟가락을 건네
주고 옥수숫가루를 저어 보게
해요. 여러분은 세제를 조금씩
추가해 줍니다.

④ 세제를 모두 넣었으면 혼합물을
아이와 번갈아 저어 주세요.

⑤ 혼합물이 점점 뭉치기 시작해요. 이때부
터 아이가 혼합물을 주무르게 하세요. 이렇게 하다
보면 혼합물이 부드럽고 매끈한 반죽으로 변하기 시작합니다.

⑥ 이게 끝입니다. 이제 아이가 반죽을 손으로 떠서 가지고 놀게
하세요. 아이는 반죽을 손에 들러붙지 않게 하면서 쥐고, 늘리
고, 굴리고, 한 손에서 다른 손으로 옮길 수도 있어요.

⑦ 놀이 시간이 끝나면 반죽을 뚜껑이 있는 냄비에 보관해 주세요.

TIP

이 활동을 하다 보면 주변이 아주 지저분해질 수도 있어요. 아이가 앞치
마를 입을 수 있도록 하고, 작업 공간은 비닐로 덮어 줍니다.

더 나아가기

반죽에 어떤 세제를 넣어도 색깔은 크게 달라지지 않아요.
반죽을 반짝거리게 만들고 싶다면 반짝이나 스팽글을 더해
주세요.

어떤 향이 어울릴까?

이 활동은 아이의 후각을 테스트할 좋은 기회가 될 거예요. 아이는 다양한 꽃, 허브, 과일 중에서 자신이 좋아하는 향기를 구별할 수 있을 거예요. 또한 여러 가지 향을 조합해 보며 자신과 잘 어울리는 향을 찾아낼 수도 있어요.

준비물

- □ 다양한 꽃
- □ 다양한 허브
- □ 뚜껑이 있는 유리병
- □ 다양한 감귤류 과일 조각 (예시: 귤, 레몬, 오렌지 등)
- □ 물 (주전자에 담아 주세요.)
- □ 방향유 (선택 사항)
- □ 식용 색소 (선택 사항)
- □ 깔때기
- □ 향수병
- □ 쟁반

활동 방법

① 모든 준비물을 쟁반에 담고 작업 공간으로 이동해요. 아이에게 향수를 만들 거라고 말해 주세요.

② 아이가 다양한 꽃과 허브의 향을 맡게 해 주세요. 아이에게 향이 어떤지 설명해 보라고 하고, 가장 좋은 것을 고르게 해요.

③ 아이가 유리병 바닥에 꽃 하나와 허브 하나를 넣게 해요.

④ 이제 아이에게 귤, 레몬, 오렌지 중에서 향기가 가장 마음에 드는 것을 고르게 해요. 다시 말하자면, 유리병에 넣을 과일을 선택하기 전에 꼭 향기를 맡아 보게 해야 합니다.

⑤ 주전자에 담긴 물로 유리병 4분의 3 정도를 채우게 하세요.

⑥ 방향유나 식용 색소를 사용하려면 이때 아이가 직접 추가하게 해요. 몇 방울이면 충분합니다.

⑦ 병의 뚜껑을 꽉 닫은 후에 약간 흔들어 주세요. 아이가 직접 하는 게 좋아요. 그러고 나서 1시간 남짓 그대로 두세요.

⑧ 시간이 다 되었을 때 아이에게 병뚜껑을 열라고 이야기해요. 그리고 유리병에 있는 액체를 향수병에 옮겨 담게 하세요. 과일 조각, 꽃과 잎사귀들을 걸러낼 수 있게 깔때기를 사용합니다. 아이가 액체를 따르는 동안 부모님은 향수병과 깔때기를 안정감 있게 잡아 주세요.

⑨ 이제 아이에게 남은 일은 스프레이를 향수병에 부착하고 향을 테스트하는 것뿐입니다.

TIP

아이에게 너무 많은 향을 가르쳐 주지 마세요. 할 때마다 2~3개 정도면 아이가 좋아하는 조합을 찾기에 충분합니다.

신기한 무지개 비누

이번에는 무지개무늬 비누를 만들어 볼 거예요. 가스레인지(혹은 인덕션)와 끓는 물을 사용할 거라서 이 활동을 아이와 함께하는 동안 부모님이 직접 해야 하는 단계가 있습니다. 게다가 각 색깔을 차례대로 작업해야 하므로 시간이 오래 걸릴 거예요. 하지만 그에 맞는 보상이 충분한 활동입니다.

준비물

☐ 비누 베이스 250g

☐ 도마

☐ 날이 무딘 칼

☐ 유리 또는 금속 그릇

☐ 냄비

☐ 비누 염료

☐ 방향유

☐ 나무 숟가락

☐ 플라스틱 통 (비누 용액을 붓는 틀로 사용)

활동 방법

① 주방 조리대나 식탁에서 비누 베이스를 비슷한 크기로 5등분 합니다.

② 도마와 날이 무딘 칼을 아이 앞에 놓아요. 아이에게 비누 베이스 덩어리 1개를 조각내어 자르게 하세요.

③ 그릇을 끓는 물을 끓이는 냄비 위에 올려놓아요. 비누 베이스 덩어리를 그릇에 넣고 살살 저어가면서 녹입니다. (이때, 그릇의 바닥이 물에 닿으면 안 됩니다.) 약 5분 정도 걸릴 거예요.

④ 비누가 빠른 속도로 굳어지기 때문에 서둘러야 해요. 아이가 비누 염료와 방향유 몇 방울을 혼합물에 더한 후에 잘 저을 수 있게 도와줍니다.

⑤ 색깔이 잘 녹아든 비누액을 플라스틱 통에 조심스럽게 부어 주세요. 이 과정은 부모님이 직접 하는 편이 좋습니다. 그릇이 아직 뜨거울 테니까요.

⑥ 2~5단계를 반복하면서 색 비누를 4겹 더 만듭니다. 각 층에 색을 더할 때마다 최소 30분은 지나야 해요.

⑦ 비누가 완전히 굳으면 플라스틱 틀을 뒤집어 비누를 꺼냅니다. 잘 굳은 비누를 막대 모양으

로 보기 좋게 잘라 주세요.

(TIP)

아이에게 이렇게 주의를 주세요.

"비누가 아무리 예뻐 보여도 먹으면 안 돼요. 아주 맛이 없고 몸에도 좋지 않단다."

더 나아가기

같은 방식으로 줄무늬가 적거나 한 가지 색으로 된 막대 비누를 만들 수도 있어요. 한 번에 비누 베이스 전체를 녹이고 색을 입힌 후에 재미있게 생긴 실리콘 틀에 붓습니다.

용암과 비슷해요

2장에서는 다양한 액체의 밀도를 소개했어요. 이번 활동에서는 혼합물에 기체를 더하면 어떤 일이 일어나는지 보여 줄 거예요. 아이에게 유색 액체가 들어 있는 램프의 그림이나 비디오를 보여 주세요. 관련된 과학 원리는 다르지만 아이에게 무엇을 할 것인지에 대한 힌트를 줄 수는 있을 거예요.

준비물

☐ 플라스틱병
☐ 물 (주전자에 담아 주세요.)
☐ 식물성 기름 (기름병에 담아 주세요.)
☐ 식용 색소
☐ 제산제
☐ 쟁반

활동 방법

① 모든 준비물을 쟁반에 담고 조심스럽게 작업 공간으로 이동해요. 주방에 있는 식탁이 좋겠네요.

② 아이가 물과 기름을 플라스틱병에 채우게 해요. 물은 3분의 1만큼, 기름은 3분의 2만큼 채웁니다. 두 액체가 자리 잡을 때까지 기다려 주세요. 아이에게 기름은 물보다 밀도가 낮기 때문에 두 액체는 서로 섞이지 않고 분리될 거라고 설명해 주세요.

③ 아이가 식용 색소를 몇 방울 떨어뜨리게 합니다. 색소 액체는 기름을 통과해서 물과 섞일 거예요. 액체가 자리를 잡도록 두세요.

④ 이제 아이가 제산제를 병 안에 넣도록 도와주고, 무슨 일이 일어나는지 보세요.

⑤ 물 안에 물방울(기포)이 발생하고 기름을 통과해서 표면으로 올라올 거예요. 물방울이 표면에서 터지면 물이 다시 가라앉습니다. 제산제가 완전히 녹을 때까지 물방울(기포)은 올라갔다가 다시 내려올 거예요.

원리 탐구하기

기름의 밀도는 물보다 낮지만 식용 색소의 밀도는 물과 같아요. 이것이 바로 색소가 기름을 통과하여 가라앉는 이유입니다. 제산제는 물에 가라앉자마자 녹기 시작하고, 이산화탄소라는 기체를 방출합니다. 기체는 물과 기름보다 밀도가 낮아요. 그래서 물을 안에 품고 위로 떠오르는 거예요.

달걀 껍질이 녹아요

약간 냄새가 나지만, 이번 실험은 정말로 재미있습니다. 알칼리(달걀 껍질)가 산(식초)과 접촉하면 무슨 일이 일어나는지 관찰할 수 있어요. 2장(105쪽)을 참고하세요. 달걀을 건드리지 않고 그대로 두면 달걀 껍질이 녹는 것을 거의 눈치챌 수 없어요. 그래서 아이가 달걀 껍질을 물로 씻어낼 수 있다는 사실을 발견하면 깜짝 놀랄 수밖에요.

준비물

□ 삶은 달걀 1개
□ 뚜껑을 돌려 닫아서 밀봉할 수 있는 큰 병
□ 백식초
□ 쟁반

활동 방법

① 모든 준비물을 쟁반에 담고 조심스럽게 작업공간으로 이동해

요. 주방에 있는 식탁이 좋겠네요.

② 아이 옆에 앉아서 이렇게 말해 주세요.

"바닥에 떨어진 달걀이 튀어 오르는 것을 본 적이 있니?"

아이는 바로 이렇게 말할 거예요.

"아니요. 달걀은 깨질 거예요."

아이와 달걀 껍질에 대해 이야기를 나누어 보세요. 그리고 달걀
이 얼마나 깨지기 쉬운지도 알려 주세요.

③ 이제 아이에게 이렇게 말해 주세요.

"우리는 튀어 오르는 달걀을 만들 거야. 그런데 완성되기까지
시간이 조금 걸린단다. (달걀을 가리키며) 달걀이 깨지지 않도록
병 안에 조심스럽게 넣어 보자."

④ 아이가 식초를 병에 조심스럽게 붓게 해요. 식초가 거의 가득 찰 때까지 채웁니다. 아이가 식초를 붓는 동안 여러분이 병을 안정감 있게 잡아 주세요.

⑤ 여러분이 병을 잡은 상태에서 아이가 병의 뚜껑을 닫게 합니다. 그리고 이렇게 설명해 주세요.

"이제 달걀을 식초에 담근 채로 며칠 둘 거야."

⑥ 일주일이 지나면 병뚜껑을 열고 식초를 조심스럽게 따라내요. 달걀을 아이에게 건네주세요. 아이가 달걀을 흐르는 물에 씻게 해요. 달걀 껍질이 물감처럼 씻겨 나갈 거예요.

⑦ 이제 아이가 달걀을 무릎 높이에서 떨어뜨려 보게 하세요. 달걀이 튀어 오는 것을 볼 수 있어요!

원리 탐구하기

식초가 달걀 껍질을 녹이지만 '막'은 온전한 상태로 남겨둡니다. 그래서 달걀의 내용물은 그대로 안에 담겨 있어요.

더 나아가기

조금 큰 아이들과는 날달걀을 가지고 같은 실험을 해 보세요. 여전히 깨지기 쉽지만, 조심스럽게 다루면 달걀 전체를 그대로 유지할 수 있을 거예요. 대략 2cm 정도 되는 아주 낮은 높이에서 떨어뜨리면 튀어 오를지도 몰라요. 대신 바닥이 아주 지저분하게 될 각오를 해야 해요.

여보세요? 실 전화기

어린아이들은 오래전부터 전해져 내려오는 실 전화기를 사용하는 것을 좋아하고, 그 성능에 깜짝 놀랍니다. 아이들의 언어 능력을 발달시킬 수 있을 뿐만 아니라, 소리에 대한 기본적인 과학 원리를 가르쳐 줄 수도 있어요. 부모님과 아이들이 함께할 수 있는 아주 쉬운 활동으로, 아이들은 부모님이 하는 동작을 따라 하기만 하면 됩니다.

준비물

□ 종이컵 2개
□ 날카로운 연필
□ 실 (길이 20m)

활동 방법

① 각 컵의 바닥에 구멍을 뚫어요. 부모님과 아이가 각자 하나씩 해도 좋아요. 부모님이 하는 동작을 아이가 잘 따라하게 합니

다. 일단 작업대 위에 컵을 뒤집어 놓고 시작해요.

② 날카로운 연필로 컵 바닥의 가운데 부분을 관통하는 구멍을 뚫어요. 아이가 잘 따라 하는지 살펴보세요.

③ 실의 한쪽 끝을 잡고 구멍에 통과시킵니다. 실의 끝을 매듭지어 묶어서 고정해 주세요.

④ 아이가 실을 컵 바닥의 구멍에 잘 통과시키는지 살펴보세요. 아이가 매듭 묶기를 어려워할 수도 있으니 필요하면 도와주세요.

⑤ 실 전화기가 완성되었나요? 그럼 부모님이 컵을 들고 아이에게서 떨어지세요. 아이는 컵을 잘 들고 있어야 해요. 실이 팽팽해지면 아이에게 이렇게 말해 주세요.

"컵을 귀에 가까이 대고 소리를 잘 들어 보자."

⑥ 컵에 무언가를 조용하면서도 또렷하게 말해 보세요. 부모님이 말한 것을 아이가 들으면서 깜짝 놀라는지 살펴보세요.

⑦ 이번에는 아이가 컵에 대고 말할 수 있게 합니다. 그러면서 대화를 이어가세요.

더 나아가기

실의 길이를 다양하게 해서 컵과 컵 사이의 거리를 달리해 보세요. 소리가 더 잘 들리는지 그렇지 않은지 살펴봅니다. 실 전화기로 아이와 말하는 동안 팽팽한 실이 다른 어떤 것에 닿지 않게 주의하세요. 실이 다른 물체와 닿으면 음파가 방해받을 수 있거든요.

원리 탐구하기

소리가 만들어지면 파동의 형태로 공기를 통해 이동해요. 파동이 귀에 도달하면 다시 소리로 변환됩니다. 실 전화기에 말을 하면 여러분이 만든 소리는 컵 바닥에서 진동으로 바뀌어요. 진동은 실을 따라서 이동하고 두 번째 컵의 바닥에 도착하면 다시 소리로 변환됩니다. 그래서 실 전화기로 소리를 들을 수 있지요.

13

소금 반죽의 변신

여기 아주 간단한 만들기 활동이 있어요. '자석에 붙여 봐요' 활동에서 확장된 활동입니다. 소금 반죽을 만드는 것은 쉽고 시간도 오래 걸리지 않아요. 아이가 반죽을 굴리고, 자르고, 모양을 만들면서 손 조작 능력도 발달할 거예요. 공룡, 꽃, 도형 등 아이들이 좋아할 만한 모양을 만들 수 있는 모양 틀을 준비해 보세요. 아이들은 직접 찍어 낸 모양을 보고 아주 재미있어 할 거예요.

준비물

☐ 소금 반죽 (168쪽 '소금 반죽 만들기' 참고)

☐ 반죽 밀대

☐ 모양 틀

☐ 작은 자석

☐ 포스터 물감

☐ 붓

☐ PVA 접착제

☐ 밀가루

소금 반죽 만들기

① 그릇에 밀가루 1컵과 소금 1컵을 넣고 물 4분의 1컵을 부어요.

② 나무 숟가락으로 잘 섞어 주세요.

③ 물을 조금씩 더해 주세요. 최대 4분의 1컵 정도예요.

④ 혼합물이 부드럽고 탄력적인 반죽이 될 때까지 손으로 잘 주물러 주세요. 이때, 너무 끈적이면 안 됩니다.

활동 방법

① 아이에게 냉장고 자석을 만들 거라고 말해 주세요.

② 주방 조리대에서 작업하면서 아이가 직접 소금 반죽을 밀대로 밀어 보게 하세요. 약 7.5mm 정도의 두께가 되는 게 좋지만 정확할 필요는 없습니다.

③ 반죽 틀 중에서 하나를 골라요. 아이가 따라 할 수 있도록, 반죽 틀을 반죽에 어떻게 눌러야 하는지 보여 주세요.

④ 아이와 번갈아 가면서 다양한 모양을 반죽에 찍어 냅니다. 남은 반죽을 모아서 둥글게 공을 만들고 반죽을 모두 다 사용할 때까지 2~4단계를 반복해요.

⑤ 잘라낸 반죽이 아직 부드러울 때 반죽 뒤에 자석을 밀어 넣으세요. 이제 반죽이 따뜻한 방 안에서 잘 마를 때까지 둡니다. 하루 정도 걸릴 거예요.

⑥ 아이와 함께 반죽에 색을 칠하고 아이가 좋아하는 무늬를 그려요.

⑦ 물감이 다 마르면 붓으로 반죽의 앞면과 뒷면에 PVA 접착체를 바릅니다. 마치 광택제 같은 역할을 할 거예요. 자석에는 색을 칠하지 않아요.

⑧ 접착제가 다 마르면 "이제 자석을 붙여 보자"라고 말하며 아이가 자석을 냉장고 같은 금속 표면에 붙여 보게 하세요.

TIP

아이에게 소금 반죽은 먹기 위한 게 아니라고 말해 주세요.
해롭지는 않지만 맛이 아주 많이 없어요.

자석뿐만 아니라 매달 수 있는 장식품을 만들어 보세요. 잘라
낸 반죽들이 마르기 전에 꼬치로 윗부분에 구멍을 뚫어요. 건
조가 끝나면 물감을 칠하고 광택제를 발라 주세요. 칠이 다
마르면 매달 수 있게 리본을 묶어 주세요. 잘라낸 반죽에 물
감을 칠하는 대신, 식용 색소로 소금 반죽에 색을 더해도 괜
찮아요. 반죽에 색을 넣는 작업은 반죽의 모양
을 만들기 전에 해야 해요.

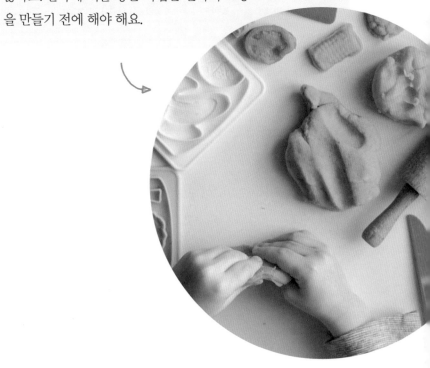

펑! 화산이 터져요

아이들은 화산이 분출하는 것을 보는 것만큼 화산을 만드는 것도 재미있어 할 거예요. 분출 그 자체로도 아이가 화학 반응의 세계를 배울 수 있는 아주 좋은 방법입니다.

준비물

☐ 소금 반죽 (168쪽 참고)

☐ 나무 숟가락

☐ 포스터 물감

☐ 붓

☐ 중탄산소다 1큰술

☐ 티스푼 (선택 사항)

☐ 빨간색 식용 색소 1큰술

☐ 식초 120ml (종이컵 2/3컵)

활동 방법

① 아이에게 용암이 흐르는 화산을 만들 것이고, 이틀 정도 걸릴

거라고 말해 주세요. 그리고 아이에
게 이렇게 설명해 주면 됩니다.

"화산은 오랫동안 폭발하지 않기도 해.
화산이 터지고 용암이 분출할 때까지 땅
속에서 압력이 서서히 쌓이는 거지."

② 아이와 함께 소금 반죽을 이용해서 화산
모형을 만듭니다. 기본적인 원뿔 모양을
만들고, 아이가 숟가락 손잡이를 원뿔 위
부터 통과시켜서 구멍을 만들게 해요. 아
이가 이 동작을 하는 동안 원뿔의 목을 잘 지지해 주세요. 아이
는 숟가락 손잡이로 화산 옆면을 조금씩 밀기도 해요.

③ 이제 모형 화산을 건조합니다. 이틀 정도 걸릴 거예요. 화산 안
에서 서서히 압력이 쌓이는 중이라고 설명해 주세요.

④ 반죽이 다 마르면 아이와 색을 칠해서 진짜 화산처럼 보이게
만들어 봐요. 물감이 마를 때까지 기다린 후, 아이에게 이제 화
산이 분출하기 직전이라고 말해 주세요.

⑤ 이제 분출 실험을 할 때입니다. 아이가 중탄산소다를 숟가락으
로 떠서 화산 구멍에 넣을 수 있게 이끌어 주세요. 화산의 목이
너무 좁으면 티스푼을 사용해도 돼요.

⑥ 아이가 식초에 색소를 섞을 수 있게 해 주세요.

⑦ 이제 아이에게 색소를 탄 식초를 화산 구멍에
부으라고 말해 주세요. 화산 구멍의 반 정

도를 채웁니다.

⑧ 반응은 즉각적입니다.
아이와 뒤로 물러서
서 화산이 터지는
것을 관찰하세요.

TIP

실험을 시작하기 전에
바닥에 수건을 깔아 주세
요. 화산이 폭발하면서 발생
하는 거품이 어디로 튈지 예측할
수 없으니까요.

원리 탐구하기

화산이 폭발하면 중탄산소다와 식초 사이에 발생하는 화학
반응이 보일 거예요. 중탄산소다 분자는 아주 작은 나트륨, 수
소, 탄소, 산소 원자로 구성되어 있어요. 식초에도 수소, 탄소,
산소 원자가 있지만 서로 다른 방식으로 결합되어 있어요. 이
두 물질이 섞이면서 원자의 일부가 결합하여 이산화탄소를
만들어요. 이산화탄소는 탄산음료에 거품이 생기게 하는 기
체예요. 용암이 흐르게 만드는 것이 바로 이산화탄소입니다.

돌고 도는 팽이

이번에는 팽이 놀이입니다. 아이들은 팽이를 쉽게 돌릴 수 있고 팽이가 한 번에 몇 초 동안 회전하는 것을 보고 짜릿해할 거예요. 이번 활동은 102쪽 '마찰력이 무엇일까?' 활동의 확장입니다. 아이들에게 '각운동량'이라고 하는 과학 개념을 소개할 수 있어요. 팽이가 회전하는 동안 색 무늬에 무슨 일이 생기는지 보는 것은 이 실험의 또 다른 즐거움이에요.

준비물

☐ 자
☐ 컴퍼스
☐ 연필
☐ 두꺼운 카드 종이
☐ 가위
☐ 펠트펜
☐ 칵테일 스틱
☐ PVA 접착제 (선택 사항)

활동 방법

① 아이에게 팽이를 여러 개 만들 거라고 말해 주세요.

② 자, 컴퍼스, 연필, 가위를 사용하여 두꺼운 종이에서 원반을 두 개 오려 냅니다. 하나는 지름 3cm, 다른 하나는 지름 4cm 크기로 준비하세요. 나이가 많은 아이들은 이 작업을 혼자 할 수도 있어요.

③ 컴퍼스를 사용하여 각 원반의 중앙에 구멍을 뚫어요.

④ 아이가 종이 원반들을 꾸미게 해요. 원반의 중심에서 퍼져 나가는 무늬나 동그란 모양을 따라서 무늬를 그리게 합니다.

⑤ 아이가 꼬챙이 끝을 잡고 작은 원반의 구멍을 통과하여 밀어 넣게 해요. 그리고 나서 큰 원반의 구멍을 통과시켜야 해요.

⑥ 두 원반이 꼬챙이의 뾰족한 끝 근처에서 서로 가까워지게 조정하세요. 원하면 두 원반을 붙여도 돼요.

⑦ 1~6단계를 반복하면서 원하는 수만큼 팽이를 만들어요.

⑧ 이제 팽이들을 움직이세요.

팽이가 빙글빙글 도는 운동을 각운동량이라고 합니다. 이렇게 돌기 시작하면 또 다른 힘이 작용할 때만 회전이 멈춥니다. 실제로 작용하는 또 다른 힘이 있어요. 바로 마찰이지요. 마찰력은 꼬챙이의 뾰족한 끝과 팽이가 회전하는 표면이 만나는 지점에서 만들어져요. 꼬챙이의 끝이 가늘수록 마찰이 적습니다. 그럼에도 불구하고 시간이 지나면 마찰 때문에 팽이가 느려지면서 추진력을 잃고 쓰러져요.

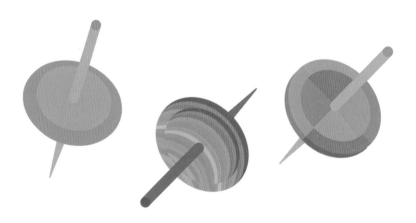

꽃으로 퍼즐을 맞춰요

이 놀이의 목표는 2가지입니다. 아이는 꽃 퍼즐을 만들면서 꽃을 구성하는 각 부분들과 그것들의 이름을 배울 거예요.

준비물

☐ 253쪽 워크시트

☐ 색깔 사인펜 또는 색연필

☐ 가위

☐ 이름표를 담을 그릇

활동 방법

① 워크시트를 2장 복사해요. 워크시트 아래에 있는 이름표를 오려내서 한쪽에 두세요.

② 아이에게 복사한 워크시트를 주고 꽃에 색을 칠하게 해요. 아이가 색칠을 끝내면 퍼즐을 어떻게 만드는지 보여줄 거라고 말해주세요.

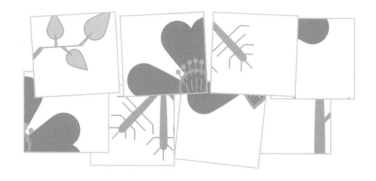

③ 꽃 그림을 6~8조각으로 잘라요. 이때, 꽃잎과 그 외 다른 부분들이 손상되지 않게 잘라야 합니다.

④ 자르지 않은 꽃 그림 워크시트를 아이 앞에 놓아주세요. 아이는 자르지 않은 가이드 꽃 그림을 보고 퍼즐을 완성할 거예요. 아이가 꽃 그림 조각들을 조립해서 퍼즐을 완성하도록 이끌어 주세요.

⑤ 아이가 혼자서 퍼즐을 조립할 수 있게 되면 가이드 꽃 그림을 걷어 냅니다. 이제는 참고할 필요가 있을 때만 보게 해요.

더 나아가기

이름표 한 세트를 가지고 가이드 꽃 그림 위에 이름표를 붙입니다. 이름과 일치하는 곳에 붙여야 해요. 다른 워크시트에서 이름표를 오려 내어 작은 그릇에 담아요. 이름표들을 이름표를 붙이지 않은 워크시트에 있는 명칭과 짝을 맞추게 하세요. 아이에게 각 명칭의 첫 글자를 비교하게 하고 명칭들의 나머지를 완성하게 해요.

아이가 모든 명칭을 혼자서 짝지을 수 있게 되면 가이드 워크시트 없이 맞춰 보게 합니다. 퍼즐을 사용해서 해 보세요. 아이에게 약간의 힌트를 줄 수도 있어요.

"손가락을 '줄기'라는 부분에 놓아 보자. 줄기는 어떤 글자로 시작하지?"

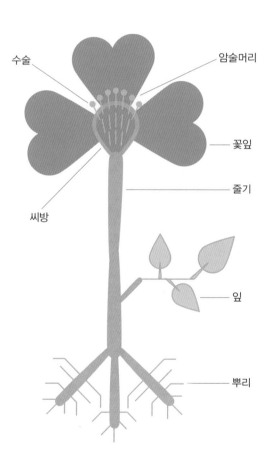

둥지를 만들어요

....

 이번 활동은 아이의 손 조작 능력과 인내심을 시험할 거예요. 아이가 성공한다면, 녹색 줄기를 안팎으로 반복해서 짜는 과정은 아이에게 몰입의 즐거움을 선사할 수도 있어요. 정해진 방법이 없다는 것이 이 놀이의 큰 장점이지요. 모든 연령대의 아이들이 자유롭게 창의력을 표현할 수 있어요.

준비물

☐ 새 둥지 사진
☐ 담쟁이덩굴 식물이나 덩굴에서 구한 긴 줄기 (잎사귀들은 제거해 주세요.)
☐ 이끼

활동 방법

① 활동을 시작하기 전에 책을 찾아보거나 인터넷에 검색해서 아이에게 새 둥지 사진을 보여 주세요. 나뭇가지와 이끼를 짜서 새의

영상을 통해 활동
과정을 확인하세요!

알을 잘 받쳐 줄 컵 모양을 만드는 법을 설명해 줍니다.

"새는 부리를 이용해서 둥지를 만들 수 있으니 아주 영리하지. 이제 우리도 둥지를 만들어 볼까? 우리는 잘 움직이는 두 손으로 둥지를 만들 수 있으니 아주 운이 좋은 거야. 부리를 사용할 필요가 없으니까."

② 긴 담쟁이덩굴 줄기를 여러 개 모아요. 줄기들을 둥글게 해서 작은 고리를 만들어요.

③ 다른 줄기로 고리의 둘레를 감으면서 가운데 구멍 안팎으로 엮어 주세요. 이때, 줄기로 고리를 둘레를 감다 보면 줄기의 끝이 고리의 가장자리 너머로 튀어나올 거예요. 튀어나온 줄기를 그대로 두세요.

④ 고리를 한 바퀴 돌 때까지 이런 식으로 계속 작업하세요.

⑤ 줄기를 너무 촘촘히 짜지 않아도 됩니다. 느슨한 틈 사이로 더 많은 줄기와 나뭇가지들을 엮어야 하니까요.

⑥ 이 단계가 되면 아이가 직접 담쟁이 줄기를 짜고 둥지 측면의 모양을 잡을 수 있을 만큼 충분히 튼튼합니다. 아이가 어떻게 시작할지 부모님이 보여 줘야 할 수도 있어요. 아이는 둥지 틈새로 줄기를 위아래로 밀면 줄기가 자

리를 잡는다는 것을 곧 알게 될 거예요.

⑦ 둥지의 옆면이 잘 서고 컵 모양이 될 수 있게 부모님이 느슨한
끝부분을 잡아당기면서 아이를 도와줄 수 있어요.

⑧ 원하는 크기의 둥지가 될 때까지 아이가 계속 작업하게 해요.
둥지가 완성되면 아이가 이끼로 둥지를 채워 볼 수 있습니다.

TIP

어린아이들은 처음부터 끝까지 도와줘야 합니다. 하지만 아이들은 담
쟁이덩굴 줄기에서 잎사귀를 제거하고, 다음에 사용할 조각을 고르고,
틈 사이로 줄기 끝을 찌르거나 짜는 등 작업에 참여하는 것을 아주 즐
거워할 거예요.

동서남북, 어디로 갈까?

'자석에 붙여 봐요' 활동에서 봤듯이 아이들은 자석과 자석이 작동하는 방식에 강한 흥미를 느낍니다. 아주 간단한 활동을 통해 지구 자체가 하나의 자석과 같다는 아주 놀라운 개념을 설명할 수 있어요. 이 실험은 화창한 겨울 해가 뜨는 시간이나 해 지는 시간 가까이에 하는 것이 가장 좋아요.

준비물

□ 주전자에 담긴 물

□ 깊이가 얕은 비금속 그릇

□ 잎

□ 머리핀

□ 자석

□ 쟁반

활동 방법

① 모든 준비물을 쟁반에 담고 아이와
함께 정원으로 이동해요.

② 아이가 고른 장소에 준비물을 내려놓
아요. 바람을 막을 수 있는
곳이 좋다고 아이에게 말해
주세요.

③ 아이가 그릇에 물을 붓게 해요.

④ 주위에 떨어진 나뭇잎이 없으
면 아이가 하나 따오게 해요. 나뭇잎은 그릇
에 담긴 물의 표면보다는 작고 머리핀보다는 커야 해요.

⑤ 아이에게 나침반 위에 나타난 지리적 위치(동서남북)에 대해 살
짝 이야기하고 북쪽이 어디라고 생각하는지 물어보세요. 아이
는 아무 방향이나 가리킬 거예요. 아이에게 그 방향이 맞는지
알아볼 거라고 말해 주세요.

⑥ 머리핀과 자석을 아이에게 건네주세요. 아이가 머리핀에 자석
을 열 번 정도 계속 같은 방향으로 문지르게 해요.

⑦ 이제 아이에게 이렇게 지시하세요.

"머리핀을 잎사귀 위에 놓아 보자. 중앙에 있는 잎맥과 나란히
놓아야 해. 그리고 잎사귀를 아주 조심스럽게 그릇에 담은 물
위에 띄워 보는 거야."

⑧ 잎사귀가 물 표면에서 천천히 도는 것이 보일 거예요. 잎사귀는

남북쪽을 가리킬 때까지 계속 돕니다.

⑨ 이제는 태양을 찾아야 해요. 그리고 이렇게 설명해 주세요.

"북반구에서 태양은 아침에는 동쪽으로, 저녁에는 서쪽으로 항상 하늘의 남쪽 절반에 떠 있어. 남반구에서는 항상 하늘의 북쪽 절반에 떠 있단다."

그런 다음 나침반의 어느 쪽이 북쪽을 가리키고 있는지 아이가 알아내도록 도와주세요.

TIP

이 실험을 꼭 정원에서 할 필요는 없습니다. 하지만 야외 자연 환경은 아이들이 북쪽이 어디인지 지리적 감각을 가지는 데 도움을 주지요.

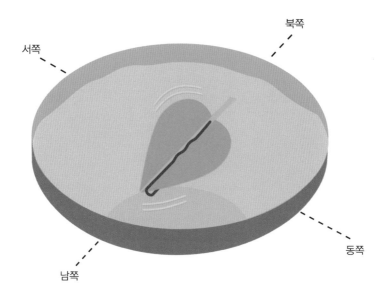

이 실험을 좀 더 쉽게 하는 방법이 있어요. 종이 위에 나침반의 방위를 그려보세요. 아이가 태양과 관련해서 북쪽이 어디인지 즉, 동쪽인지 서쪽인지 이해할 수 있게 도와주니까요.

원리 탐구하기

지구의 중심에는 핵이 있는데 주로 철로 이루어져 있어요. 핵과 가까운 곳에서 용암의 움직임이 지구의 북극과 남극 사이에 흐르는 미세한 자기장을 만들어내요. 아주 가벼운 자석 바늘이 자유롭게 움직이게 두면 바늘은 자기장 방향에 맞게 정렬해요. 이것은 바늘이 돌면서 항상 북쪽을 가리키게 된다는 것을 의미합니다.

재미있는 연 만들기

모든 아이가 연날리기를 좋아해요. 특히 아주 어린 아이들은 등 뒤 허공에 연을 들고 즐겁게 뛰어다닙니다. 어느 정도 큰 아이들은 연을 공중에 띄우는 것을 즐거워하고, 바람의 흐름에 따라서 연이 하늘에 계속 떠 있게 하는 방법을 찾기 위해 몰두하지요.

준비물

☐ 종이 (가로 50cm x 세로 38cm)

☐ 자

☐ 연필

☐ 가위

☐ 연살 (45cm)

☐ 연살 (30cm)

☐ 접착 테이프

☐ 풀 (접착제)

☐ 연줄 (길이 3~4m)

☐ 두꺼운 나뭇가지

☐ 다양한 길이의 매듭용 끈

활동 방법

① 아래 순서를 따라 종이를 다이아몬드 모양으로 잘라요. 어렵지 않으니, 가능하면 아이가 직접 할 수 있게 해요.

★ 종이를 길게 반으로 접고 접힌 부분과 평행한 가장자리를 따라 약 3분의 1지점에 표시해요.

★ 접힌 부분의 양쪽 끝 지점에서 표시한 지점까지 선을 그어요. 부모님은 아이가 선을 긋는 동안 자를 잘 잡아 주세요.

★ 그린 선들을 따라 가위로 잘라요.

② 다이아몬드 모양 종이를 펴고, 중앙에 연살들을 십자 모양으로 놓아요. 각 연살의 자리를 잘 잡아 주세요. 아이가 접착테이프로 연살을 종이에 단단히 고정하도록 도와줍니다.

③ 연의 가장자리 주변 둘레에 약 7.5mm 정도의 여백이 있어야 해요. 가장자리 여백을 가운데 방향으로 접고 풀로 붙이세요. 아이가 종이의 접힌 부분을 따라서 살짝 풀칠한 후에 접힌 부분을 눌러서 잘 고정하게 하세요.

④ 연줄을 연의 중앙에 묶어요. 연살들이 서로 교차하는 곳이에요. 두꺼운 나뭇가지에 연줄을 감아 연 손잡이를 만들어요.

⑤ 아이가 매듭용 끈을 풀이나 접착제로 연살에 붙일 수 있도록 해 주세요. 연의 아랫부분에 단단히 고정해야 하니까요. 이제 연을 날릴 준비가 되었네요.

이 기본형 다이아몬드 연은 어린아이들에게 이상적입니다. 좀 더 자란 아이들이라면 더 큰 연을 만들 수 있어요. 모든 측정값을 두 배로 하면 됩니다.

빙글빙글 바람개비 나침반

앞선 연날리기 활동과 함께 바람 부는 날에 쉽게 할 수 있는 재미있는 놀이입니다. 날씨에 대해 이야기할 때 활용할 수 있어요. 또한 아이들에게 나침반의 네 가지 방위를 소개할 수 있는 기본적인 활동이기도 해요. 방향과 지리를 이해할 수 있는 좋은 출발점이 될 수 있답니다.

준비물

□ 자
□ 컴퍼스
□ 지우개가 달린 연필
□ 가위
□ 두꺼운 카드
□ 펠트펜
□ 다용도 칼
□ 빨대
□ 얇은 카드

□ PVA 접착제

□ 압정

□ 한쪽 끝에 고무가 달린 연필

활동 방법

① 아이가 자, 컴퍼스, 연필, 가위를 사용하여 두꺼운 카드 종이를 원반 모양으로 자르게 해요. 지름이 7cm 정도 되는 크기입니다. 아이가 원반을 만들면 컴퍼스를 사용해서 원반 중앙에 있는 구멍을 약간 더 크게 만들게 합니다.

② 펠트펜을 사용해서 아이가 원반 위에 나침반의 방위 4개를 표시할 수 있게 도와주세요. 위쪽과 아래쪽에는 북(N)과 남(S)을 양옆에는 동(E)과 서(W)를 표시해요.

③ 칼로 빨대의 양쪽 끝을 살짝 잘라 작은 틈을 만들어 주세요.

④ 얇은 카드 위에 작은 삼각형 하나와 작은 정사각형 하나를 그립니다. 아이가 삼각형과 사각형을 오려 낼 수 있게 도와주세요.

⑤ 아이가 빨대 양쪽 끝의 틈에 접착제를 바르게 해요. 한쪽에는 삼각형을, 다른 한쪽에는 사각형을 끼우게 합니다.

⑥ 압정의 끝을 빨대에 관통하여 밀어 넣어요. 빨대가 압정 기둥의 중간 정도에 고정되게 한 다음, 압정의 핀을 연필 끝의 지우개에 꽂아요. 어느 정도 자란 아이들은 이 동작을 직접 할 수 있을 거예요.

⑦ 아이가 뾰족한 연필 끝을 원반에 관통하여 밀어 넣게 해요. 그

러고 나서 연필을 땅에 꽂아서 고정시킵니다.

⑧ 바람이 불면 나침반을 사용하여 바람이 어느 방향에서 오는지 알아낼 수 있어요.

모래 위의 해시계

이번 활동은 아이들에게 지구는 태양을 주위를 도는 행성이라는 개념을 소개하기에 좋아요. 태양이 태양계에서 하는 역할을 설명해 줄 수도 있어요. 지구가 태양 주위를 도는 방식에 대해 이야기하고, 이것이 태양이 하늘을 가로질러 움직이는 이유라고 설명해 주세요. 움직이는 것은 태양이 아니라 지구입니다. 하늘의 태양이 움직이는 경로를 이용해, 해변에서 일종의 시계를 만들 수 있어요. 우리는 이 시계를 '해시계'라고 불러요.

준비물

☐ 모래

☐ 막대

☐ 돌 12개

☐ 햇빛

활동 방법

① 우리가 해변에 있고, 구름 한 점 없는 하늘에 태양이 비추고 있다면 태양이 만들어 내는 그림자를 이용해서 모래 해시계를 만들 수 있어요. 이 활동을 위해 꼭 해변에 갈 필요는 없어요. 정원에 있는 모래밭 또는 모래 상자를 이용해도 됩니다.

② 모래를 최대한 평평하게 만들고, 손가락으로 지름이 약 60cm 정도 되는 원을 그립니다.

③ 아이에게 길이가 약 15~20cm 정도 되는 막대기와 돌 12개를 구해 오라고 하세요. 해시계를 만들기 위해 필요하니까요. 막대기를 시계 한가운데 모래 속으로 밀어 넣습니다.

④ 매시간 정각에 돌로 그림자의 위치를 표시해요. 돌들은 시계판 위에서 시간을 표시하는 역할을 합니다. 주변에서 돌을 찾을 수 없다면 그냥 모래 위에 그림이나 숫자로 표시해도 괜찮아요.

(TIP)

햇살이 비추는 날에 외출할 때에는 피부를 보호할 수 있는 옷을 입고 자외선 차단제를 자주 발라 주세요.

성장하는
식물 놀이

이 장에서 소개하는 활동들은 이 책의 전체를 아우르고 있어요. 지금까지 쌓아 온 아이들의 경험을 바탕으로, 좀 더 실용적인 방식으로 자연 세계를 탐구할 수 있도록 도와줄 거예요. 아이들이 직접 식물과 꽃을 기르는 활동들로 구성되어 있어요. 이런 활동들은 식물들을 보살피고 싶어 하는 아이들의 내적 욕구를 자극합니다. 아이들은 식물이 자라는 것을 보면서 끊임없이 놀라움을 표현할 거예요. 아이들이 실험의 결과를 (이미 앞 장에서 만들어 둔) 자연 일기장에 기록할 수 있게 도와주세요.

씨앗을 구분해요

아이들에게 식물이 가진 삶의 주기를 알려 주기에 유용한 놀이예요. 아이들은 이번 장에서 어떤 기르기 활동을 할지 예상할 수 있습니다. 아이가 씨앗이 무엇이고, 식물을 재배하는 데 있어 씨앗이 얼마나 중요한지에 대한 기초 지식을 가지고 있나요? 식물은 꽃을 피워 우리에게 즐거움을 주고, 열매와 채소가 되어 우리에게 먹을 것을 제공한다는 사실을 안다면 아이는 식물을 키우고 보살피는 활동에 더 집중할 수 있을 거예요. 분류하는 연습은 섬세한 운동 능력을 발달시켜요. 특히, 아주 작은 씨앗들을 분류하다 보면 손과 눈의 협응 능력이 발달해요.

준비물

☐ 여러 종류의 씨앗 (예시: 해바라기, 작두콩, 수레국화, 호박)

☐ 쟁반

☐ 식물 이름표

☐ 펠트펜

활동 방법

① 각 유형의 씨앗들을 3개에서 6개씩 쟁반 위에 올려놓아요. 씨
   앗들을 뒤섞은 다음, 쟁반 위에 전체적으로 흩트려 주세요.

② 아이가 쟁반을 들고 작업 공간으로 이동하게 해요. 쟁반을 앞에
   두고 아이와 나란히 앉습니다.

③ 아이에게 쟁반 위에 있는 것들이 씨앗이라고 말해 주세요. 씨앗
   을 흙에 심고 물을 주면 씨앗이 식물로 자란다고 알려 줍니다.

④ 아이와 함께 다양한 씨앗을 관찰하세요. 각종 씨앗의 특징들을
   순서대로 잘 살펴보게 해야 해요. 예를 들면 해바라기씨에는 줄
   무늬가 있고 수레국화 씨앗에는 머리카락 같은 털 다발이 있는
   것처럼요. 아이와 이렇게 대화를 시작해 보세요.

   "이 씨앗의 생김새를 자세히 보고 설명해 줄 수 있겠니? 해바라
   기씨와 수레국화의 씨를 보자. 생김새가 어떻게 다르지?"

⑤ 아이가 씨앗을 유형별로 구분해서 모아 두게 해요. 그리고 각각
   의 씨앗들이 자라서 어떤 식물이 될지 아이와 이야기해 보세요.

⑥ 아이에게 어느 씨앗을 땅에 심고 키우고 싶은지 물어보세요. 그
   리고 식물 이름표에 식물의 이름을 적어 둡니다. 나중에 씨앗이

자라서 땅 위로 모습을 드러내면 화분에 꽂아 주어야 하니까요.

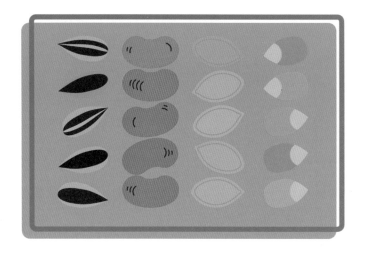

TIP

눈에 띄게 다르게 생긴 씨앗을 준비하세요. 크기나 모양이 다양한 것들로 준비하는 것이 좋습니다.

더 나아가기

아이가 미리 만들어 둔 자연 일기장이 있다면 새 페이지에 각 씨앗의 모양을 그림으로 그려 기록하게 하세요. 그림을 그린 페이지에 날짜와 씨앗의 이름을 적도록 도와주세요. 이 장에 소개한 활동들을 하면서 아이들이 씨앗을 심고 식물이 성장하는 모습을 직접 기록하게 합니다.

나만의 씨앗 주머니

아이들과 함께 씨앗 주머니를 만들 수 있는 매력적인 종이접기 놀이입니다. 아이들은 부모님 옆에 앉아서 동작을 단계별로 따라 하다 보면 멋진 씨앗 주머니를 완성할 수 있을 거예요. 손과 눈의 협응력뿐만 아니라 손재주도 발달할 수 있습니다.

준비물

☐ 워크시트 (254쪽)

☐ 종이

☐ 펠트펜

☐ 과일, 채소, 꽃 스티커 (씨앗 구별용)

☐ 씨앗

☐ 티스푼 (선택 사항)

☐ 클립

활동 방법

① '씨앗 주머니 만들기' 워크시트대로 1~4단계를 따라하세요.

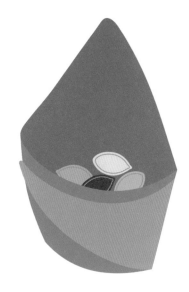

② 부모님이 아이에게 각 단계를 먼저 설명해 주세요. 그러고 나서 아이에게 어떻게 하는지 보여 주세요. 아이가 각 단계를 마치는 것을 확인한 후에 다음 단계로 진행합니다.

③ 5단계를 하기 전에 아이가 씨앗 주머니에 어떤 씨앗을 담을지 결정하게 하세요. 씨앗 주머니의 정면에 씨앗의 이름과 날짜를 적어 주세요.

④ 이제 아이가 적당한 스티커를 찾아서 종이 주머니를 꾸며 볼 수 있습니다.

⑤ 아이가 씨앗을 씨앗 주머니에 담게 해요. 씨앗이 아주 작으면 티스푼을 사용해도 좋아요. 이때, 여러분은 씨앗 주머니를 잘 잡아 주세요. 주머니에서 씨앗이 새지 않게 잘 봉하는 것도 도와줍니다.

⑥ 아이에게 클립을 건넨 다음, 여러분이 종이접기의 마지막 동작

을 하면서 아이가 그 동작을 따라하게 합니다. 씨앗 주머니 윗부분을 클립으로 밀듯이 끼워 주면 종이 주머니 덮개 부분이 잘 고정될 거예요.

TIP

종이접기를 할 때는 종이를 정확하게 접고 날카로운 주름을 만들 수 있어야 해요. 하지만 소개된 놀이는 단순하기 때문에 어렵지 않게 할 수 있습니다.

3

어떤 싹이 움틀까?

식물을 심는 것은 식물이 씨앗에서 자라는 경이로운 모습을 아이에게 소개할 수 있는 완벽한 방법이에요. 대부분의 작은 식물은 창가에서 키울 수 있습니다. 싹이 트는 데는 며칠밖에 걸리지 않기 때문에, 아이는 씨앗에서 시작되는 진행 상황을 빠르게 관찰할 수 있어요.

준비물

☐ 작은 화분 3개

☐ 각 화분을 채울 배양토

☐ 물병

☐ 식물 씨앗 (예시: 쪽파, 바질, 민트 또는 파슬리 - 모두 같은 것으로 준비해도 되고 섞어서 준비해도 됩니다.)

☐ 식물 이름표

☐ 펠트펜

활동 방법

① 화분, 배양토, 물병, 식물 씨앗을 평평한 곳에 한데 모아요. 씨앗이 식물로 자랄 수 있도록 씨앗을 조심스럽게 다루어야 한다고 설명해 주세요.

② 아이가 배양토를 각 화분에 4분의 3 정도 채워 넣도록 도와주세요. 그러고 나서 아이에게 흙에 씨앗을 심을 구멍을 어떻게 만드는지 보여 주세요.

③ 구멍에 아이가 직접 씨앗을 넣게 해요. 화분당 대략 5개 정도면 됩니다. 하나의 화분에는 한 가지 종류의 씨앗을 심어야 해요. 그리고 이렇게 이야기해 주세요.

"이제 화분에 식물 이름표를 만들어서 붙일 거야. 그러면 화분마다 어떤 식물이 자라고 있는지 기억하기 쉽겠지?"

④ 아이가 씨앗을 심은 후, 배양토를 더 추가해서 씨앗을 부드럽게 덮게 해요.

⑤ 아이에게 씨앗이 자라기 위해 무엇이 필요할지 물어보세요. 여러분이 힌트를 줄 수도 있어요. 아이가 '물'이라고 대답하면 아이가 물을 화분에 조금 부을 수 있도록 도와줍니다. 그리고 이렇게 말해 주세요.

"식물도 우리처럼 목마름을 느끼고, 물을 마셔야 자랄 수 있단다."

⑥ 각 식물의 이름을 식물 이름표에 적고, 어떤 식물의 씨앗을 어느 화분에 심었는지 떠올려 보라고 하세요. 아이의 답이 맞으면 아이가 식물 이름표를 해당 화분에 붙이게 해요.

⑦ 화분들을 아이와 함께 햇볕이 잘 드는 창가로 옮겨 주세요. 그리고 이렇게 말합니다.

"씨앗들을 잘 살펴 보고 며칠에 한 번씩 물을 줘야 해. 그렇게 며칠이 지나면 식물에 싹이 트는 것을 볼 수 있을 거야."

더 나아가기

식물이 적절한 크기로 자라면 아이와 함께 야외에 옮겨 심을 만한 곳을 찾아보세요. 식물을 어떻게 화분에서 땅으로 옮겨 심는지 아이에게 보여 줍니다.

화분이 된 달걀 껍질

아침 식사로 달걀을 삶으면 달걀 껍질을 보관해 두세요. 새싹 채소를 키울 때 사용할 수 있어요. 아이들에게 무엇인가를 키우는 보람을 소개할 수 있는 최고의 활동이에요. 쉽고 재미있을 뿐만 아니라, 며칠 안에 아이들이 노동의 결실을 맛볼 수 있으니까요.

준비물
- 윗부분 1/3을 제거한 달걀 껍질 6개
- 펠트펜
- 빈 달걀판
- 솜뭉치 12개
- 새싹 채소 씨앗 1봉지
- 물

활동 방법
① 달걀 껍질이 깨끗하고 달걀 잔여물이 없는지 확인하세요.

② 작업 공간에 필요한 것들을 가지고 가서 아이와 함께 달걀 껍질 한두 개를 장식해요. 달걀 껍질 위에 익살맞은 얼굴을 그리면 아이가 재미있어할 거예요. 여러분도 직접 해 보세요. 그림을 그린 달걀 껍질을 달걀판 안에 잘 세워 놓아요.

③ 아이가 솜을 물에 담근 후에 물에 젖은 솜을 장식된 달걀 안에 잘 놓을 수 있도록 도와주세요. 달걀 껍질 하나에 솜뭉치를 2개씩 넣어야 합니다. 이런 식으로 달걀 껍질 6개를 솜으로 채워요.

④ 이제 아이가 새싹 채소 씨앗을 각 솜뭉치 위에 골고루 뿌리게

하세요. 숟가락을 사용하는 것보다 손가락으로 하기가 더 쉬워
요. 손가락으로 두세 번 집어서 뿌려 주면 적당합니다.

⑤ 씨앗들 위에 물을 조금 뿌리고 아이에게 이렇게 말해 주세요.

"이제 달걀판을 햇볕이 잘 드는 창가에 갖다 놓을까?"

⑥ 새싹 채소를 잘 살펴보세요. 매일 확인하고 건조해 보이면 물을
조금씩 뿌려 주세요. 하루 정도 지나면 싹이 틉니다. 일주일이
면 충분히 수확할 수 있을 정도로 자랄 거예요.

더 나아가기

새싹 채소가 다 자라면 달걀 몇 개를 삶아 보세요. 아이와 함께
점심으로 먹을 '달걀 새싹 샌드위치'를 만들어 보세요. 아이가
가위로 어린 잎채소를 조심스럽게 자르도록 도와줍니다.

화분이 된 우유팩

....

집에서 손쉽게 화분을 만들 수 있어요. 아이들에게는 아주 만족스러운 활동이 될 거예요. 아이가 친숙하게 느끼고 돌보기 쉬운 실내 화분용 화초가 좋아요. 완성되면 아이 방에 둘 수 있으니까요.

준비물

□ 빈 우유팩

□ 네임펜

□ 날카로운 가위

□ 무딘 가위

□ 꼬치

□ 아크릴 물감

□ 페인트 붓

□ 배양토

□ 작은 실내 화분용 화초 (예시: 아프리카 제비꽃, 관상용 고무나무)

□ 큰 숟가락

□ 접시

□ 물을 담은 주전자

활동 방법

① 원하는 높이로 우유팩 둘레에 선을 그리면서 시작해요. 먼저 여러분이 날카로운 가위를 사용해서 선에 맞춰서 우유팩을 뚫습니다. 그러고 나서 아이가 무딘 가위를 사용해서 조심스럽게 선을 따라 우유팩의 윗부분을 자르게 합니다.

② 꼬치로 우유팩 바닥에 구멍을 뚫어요. 이 작업은 아이가 다칠 수도 있기 때문에, 여러분이 해야 해요.

③ 아이가 우유팩에 색을 칠하게 해요. 아이는 자기가 원하는 대로 우유팩을 꾸밀 수 있어요. 꽃 모양 그림을 그릴 수도 있고, 점이나 줄무늬를 그릴 수도 있어요. 웃는 얼굴을 그릴 수도 있겠네요.

④ 색칠이 다 끝나고 물감이 다 마르면 우유팩 화분이 완성됩니다. 여기에 아이가 배양토를 4분의 3 정도 채우게 해요

⑤ 아이가 식물을 흙 속으로 밀어 넣으면서 화분 안에 자리 잡게 해요. 그러고 나서 식물 아랫부분 주변에 숟가락으로 배양토를 뿌립니다. 이제 식물이 잘 자리 잡을 수 있게 흙을 손가락 끝으로 부드럽게 눌러 주면서 단단하게 만들어 줘야 해요. 여러분이 하는 모습을 아이에게 잘 보여 주세요.

⑥ 우유팩 화분은 접시 위에 잘 올려놓고 아이에게 화분 흙에 천천히 물을 붓게 해요. 화분을 아이 방에 두고 매주 또는 격주로 식물에 물을 줄 필요가 있는지 수시로 확인하세요.

어린아이들은 무딘 가위를 사용하여 대부분의 우유팩을 자를 수 있을 거예요. 하지만 처음에 부모님이 날카로운 가위로 우유팩을 뚫어 시작점을 만들어 주세요. 아이들의 힘과 기술이 아직 우유팩을 뚫기에는 부족할 거예요.

더 나아가기

큰 아이들의 경우, 화분을 사용하여 씨앗을 심은 다음 정원에 옮겨 심을 수 있어요. '꿀벌아, 고마워!' 활동에 활용할 수 있을 거예요.

당근을 키워 봐요

이번 활동을 통해서 아이들은 식물이 다시 살아날 수 있다는 것과 이미 다 자란 당근에서 어떻게 새싹이 나올 수 있는지 배울 수 있어요. 며칠만 지나면 새싹이 돋을 거예요.

준비물

☐ 위에 녹색 잎 또는 싹이 난 당근 2개

☐ 접시 2개

☐ 물을 담은 주전자

☐ 쟁반

활동 방법

① 당근의 잎이나 싹이 몇 개만 남도록 잘 다듬어요. 각 당근의 몸통을 잎이 난 부분에서 약 2cm 정도만 남게 잘라요.

② 모든 준비물을 쟁반에 담고 테이블로 이동해요. 그리고 아이에게 이렇게 질문하세요.

"우리가 이 당근들이 다시 자랄 수 있게 할 수 있을까?"

아이의 대답을 들은 후에 이렇게 말해 주세요.

"그래, 그럼 무슨 일이 일어나는지 보자."

③ 잘라 낸 당근을 각 접시 위에 올려놓고 아이에게 건네주세요. 이제 이렇게 질문하세요.

"이 당근들이 자라게 하려면 무엇이 필요할 것 같니?"

아이에게 다음과 같이 약간의 힌트를 줄 수도 있어요.

"우리는 목이 마르면 무엇이 필요하지?"

아이가 물이 필요하다고 대답하면 아이에게 물이 담긴 주전자를 건네주고, 아이가 각 접시에 물을 조금씩 붓게 해요.

④ 이제 당근을 며칠 동안 관찰하면서 무슨 일이 생기는지 볼 거라고 말해 주세요. 아이에게 접시에 물이 충분한지 확인하게 하세요. 당근에 반드시 새싹이 돋을 거예요.

콩에 새싹이 돋아요

이 활동에서는 콩에서 어떻게 싹이 트기 시작하는지 관찰할 거예요. 아이가 식물 성장의 모든 단계를 관찰할 수 있는 훌륭한 방법입니다. 유리병을 통해 뿌리의 모습도 볼 수 있어요.

준비물

□ 누에콩 씨앗 3개
□ 모래
□ 압지
□ 유리병 3개
□ 물을 담은 주전자

활동 방법

① 아이에게 콩, 모래, 압지를 보여 주세요. 콩을 키우는 데 사용할 거라고 설명해 주세요. 아이에게 모래를 유리병 안에 담게 해요. 각 병을 4분의 1 정도씩 채웁니다.

② 압지를 유리병 안쪽 둘레에 맞게 충분히 접어주세요. 아이가 압지를 유리병 안 모래 위에 올려놓게 해요. 아이에게 콩을 하나 건네주면서 이렇게 말해 주세요.

"콩을 유리병 안으로 밀어 넣을 거야. 콩이 종이와 유리 사이에 자리 잡아야 하고, 모래보다는 살짝 위에 있어야 해."

③ 다른 콩도 같은 단계를 반복하고 아이에게 이렇게 물어보세요.

"콩들이 잘 자라려면 무엇을 더해 주어야 할 것 같니?"

아이가 잘 모르겠다고 하면 당근을 키웠던 활동을 떠올리게 해 주세요.

④ 아이가 손가락 끝으로 물이 흩날리는 방식으로 종이 위에 물을 주게 해요. 그리고 이렇게 설명해 주세요.

"종이가 마르지 않았는지 확인해보고 필요하면 물을 더 주어야 해요."

"콩의 어느 부분에서 먼저 새싹이 돋는지 관찰하자."

더 나아가기

아이가 성장의 단계를 자연 일기장에 기록하게 해요. 콩이 성장하는 모습을 부모님이 단계별로 밑그림을 그려 주어도 좋아요. 아이들이 색칠해 볼 수 있으니까요. 물론 아이 혼자서 단계별로 그림을 그리고 기록을 남길 수도 있어요.

영상을 통해 활동과정을
확인하세요!

아보카도 키우기

아이에게 나무는 자라는 데 몇 년이 걸린다는 것을 소개할 수 있는 좋은 활동이 있어요. 이 활동을 하면서 나무가 지구를 위해 얼마나 중요한지에 대해 이야기할 수 있어요. 또한 나무를 보살피고 환경을 지키는 것은 우리의 책임이라는 것을 아이가 이해할 수 있습니다.

준비물

□ 잘 익은 아보카도의 씨

□ 날카로운 칼

□ 꼬치 3개

□ 유리잔 또는 유리병

□ 물을 담은 주전자

활동 방법

① 아보카도 씨는 눈물방울처럼 생겼어요. 윗부분은 살짝 뾰족하

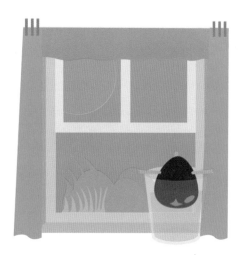

고 아랫부분은 넓고 둥글어요. 아보카도 씨의 모양에 대해 아이와 이야기하고, 씨의 바닥을 구별해 보게 하세요. 그리고 씨의 바닥 부분에서 얇은 조각을 잘라요. 씨앗이 물을 흡수할 수 있도록 도와줄 거예요.

② 아이에게 꼬치 3개를 건네주세요. 윗부분에서 약 3분의 1 정도 지점에 둘러 가며 꼬치를 꽂아요. 아보카도 씨가 세 꼬치의 가운데에 위치하게 만듭니다. 여러분의 도움이 필요할 거예요.

③ 아이가 유리잔(유리병)에 물을 채우게 해요. 물을 끝까지 채우지는 마세요. 이제 아이에게 이렇게 말하세요.

"유리잔 위에 아보카도 씨를 놓아 볼까? 꼬치가 씨를 잘 받쳐 줄 거야."

④ 유리잔(유리병)을 햇볕이 잘 드는 창가에 놓게 하고, 아이에게 이렇게 설명해 주세요.

"씨앗이 위에서 싹을 틔우고 아래에는 뿌리가 자랄 거란다."

⑤ 아보카도 씨를 매일 관찰하고 진행 상황을 확인합니다. 아이에게 이렇게 말해 주세요.

"필요하면 물을 더 부어도 돼. 씨의 아랫부분은 항상 젖어 있어야 하거든. 그리고 씨에서 어떤 변화가 생기는지 매일매일 잘 봐야 해."

 TIP

한쪽 끝만 뾰족하고 다른 쪽 끝은 뭉툭한 꼬치를 사용하세요. 아이가 꼬치를 아보카도에 꽂아 넣을 때 꼬치에 찔릴 위험을 줄여야 하니까요.

더 나아가기

야외에서 좋은 자리를 찾아서 나무를 심어 보는 것도 좋아요. 자연 일기장에 나무의 성장을 기록하세요. (133쪽 참고) 아이의 키가 자라는 것을 함께 기록하면 더 재미있을 거예요. 매년 아이의 생일쯤에 확인하고, 나무와 아이가 얼마만큼씩 새롭게 자랐는지 표시해 주세요.

영상을 통해 활동과정을 확인하세요!

해바라기 키우기

아이를 깜짝 놀라게 할 꽃이 있다면 바로 해바라기라고 생각해요. 해바라기는 아주 작은 씨앗에서 시작하여 한 계절 만에 아주 높이 자랄 수 있으니까요. 해바라기를 고를 때에는 가능한 높이 자랄 수 있는 것이 좋아요.

준비물

□ 자이언트 해바라기 씨앗
□ 작은 화분과 화분 받침 3~5개
□ 화분용 배양토
□ 물을 담은 주전자
□ 쟁반
□ 키가 큰 해바라기 사진

활동 방법

① 쟁반에 준비물을 담아 주세요.

② 아이에게 해바라기씨를 심을 거라고 말해 주세요. 아이에게 해바라기씨를 보여 주고 나서 해바라기 사진도 보여 주세요. 그리고 이렇게 이야기해 주세요.

"씨앗이 다 자라서 해바라기가 되면 우리보다 키가 더 커질지도 몰라."

③ 아이가 다음 순서로 해바라기씨를 심게 해요.

★ 배양토를 각 화분에 약 2cm 정도 채워요.

★ 각 화분에 씨앗을 한 개씩 놓아요.

★ 배양토로 씨를 덮어요. 약 3cm 정도 두께면 됩니다.

★ 이제 각 화분에 물을 뿌려 줍니다.

④ 이제 화분을 햇볕이 잘 드는 곳에 놓습니다. 화분에 물이 필요한지 아이가 매일 확인하게 하세요. 해바라기가 자라기 시작하면 나무막대기로 해바라기 줄기를 지지해 줘야 합니다. 나중에는 야외나 더 큰 화분에 옮겨 심어야 할 거예요.

더 나아가기

해바라기의 성장은 아이가 측정의 개념을 배울 탁월한 기회가 됩니다. 자를 사용하는 대신, 아이는 손을 사용할 수 있어요. 손바닥의 끝에서 손가락 끝까지의 길이를 이용하는 거예요. 날짜와 함께 측정값을 기록합니다.
해바라기가 아이보다 커지면 사진으로 기록해요. 해바라기가 계속해서 성장하면 더 많은 사진을 찍을 수 있을 거예요.

꿀벌아, 고마워!

자연의 순환에서 꿀벌이 하는 역할을 설명할 수 있는 활동을 소개합니다. 이 활동을 하면서 꿀벌에 대해 이야기할 수 있어요. 벌들이 자연에서 하는 일과 꽃이 계속 자라는 데 꿀벌이 얼마나 중요한지 배우는 기회가 될 수 있습니다. 이 활동은 반복적인 특성이 있는데, 아이들이 즐거워할 거예요.

준비물

☐ 모종 상자

☐ 배양토

☐ 대나무 꼬치

☐ 꿀벌이 좋아하는 꽃들의 씨앗 모둠

☐ 물을 담은 주전자

활동 방법

① 이 활동은 야외에서 하기에 좋습니다. 낮은 의자나 풀밭에 앉거나 서서 할 수 있어요. 활동을 시작하기 전에 필요한 모든 것을 가지고 작업 공간으로 이동해요.

② 모종 상자를 배양토로 채워요. 대나무 꼬치로 배양토에 2~3cm 간격을 두고 구멍을 팝니다. 모종 상자의 크기에 따라서 구멍을 줄지어 만들어요. 4~5줄이면 됩니다.

③ 이제 아이가 씨앗을 하나씩 각 구멍에 떨어뜨려 넣게 해요. 그 다음, 구멍을 어떻게 덮어야 하는지 아이에게 보여 주세요. 배양토를 손가락으로 밀어서 구멍 안에 채우면 됩니다.

④ 아이가 씨앗에 물을 뿌리게 하고, 모종 상자를 따뜻하고 햇볕이 잘 드는 곳에 두세요. 온실이 없으면 해가 잘 드는 부엌 조리대나 창가 안쪽에 두세요.

⑤ 이후 2~4주 동안 아이와 함께 모종 상자에 가서 물이 더 필요한지 어떤 생명의 신호가 있는지 관찰하세요. 한 달 안에 씨앗에서 싹이 나고 야외에 심을 수 있을 정도로 성장할 거예요.

⑥ 정원에서 꽃들이 모두 함께 자랄 수 있는 곳을 찾아보세요. 달콤한 향을 뿜어내는 화려한 꽃

들로 가득한 작은 꽃밭이 될 거예요. 꿀벌들이 달콤한 냄새를 맡고 모여들 거예요.

(TIP)

금잔화, 클로버, 수레국화, 디기탈리스, 데이지 등 꿀벌이 좋아하는 꽃들의 씨앗을 손쉽게 구매할 수 있어요.

더 나아가기

이 활동은 213쪽에 있는 '화분이 된 우유팩'과 함께 하면 좋아요. 재활용과 재사용에 대한 개념을 아이에게 소개할 수 있으니까요. 아이에게 정원에 묘목을 심으면 화분을 사용하여 더 많은 식물을 키울 수 있다고 설명해 주세요.

창가에 봄이 왔어요

이 활동은 집의 크기에 상관없이 할 수 있고, 아이들이 활동의 전 과정에 참여할 수 있어요. 동시에 식물의 순환적인 특성에 대해서도 배울 수 있답니다. 아이들은 씨앗을 심고, 씨앗이 자라는 과정을 관찰하고, 마침내 식물이 그 모습을 드러내는 것까지 볼 수 있으니까요. 아이와 함께 창턱의 화단에서 키울 허브를 골라보세요.

준비물

☐ 신문지 (선택 사항)

☐ 허브

☐ 배수용 재료 (예시: 깨진 화분)

☐ 발코니 화단 (울타리 화분)

☐ 배양토

활동 방법

① 이 활동은 야외 테이블에서 하는 것이 가장 좋아요. 그럴 수 없

다면 실내 테이블 위에 신문지를 깔아 주세요.

② 화분과 화초를 재배하기 위한 도구를 테이블 위에 올려놓고 아이에게 이렇게 말해 주세요.

"오늘은 창가에 화단을 만들어 보자. 봄이 되면 꽃이 필 거야."

배수용 재료를 화분 바닥에 한 움큼 넣고, 아이도 해 볼 수 있게 도와주세요. 배양토를 상자 안에 4분의 1정도 채웁니다.

③ 식물 중 하나를 선택해서 배양토에 어떻게 심는지 아이에게 보여 주세요. 나머지 식물들은 아이가 직접 심게 합니다. 그리고 배양토를 상자 가장자리에서 몇 cm정도가 남을 때까지 천천히 채워 줘요. 부모님이 먼저 하면 아이가 잘 보고 따라 하면 됩니다.

④ 화분을 창턱으로 가져갑니다. 아이가 식물이 자라는 모습을 관찰할 수 있고, 안전용 난간이 있는 지면 높이의 창턱이 좋아요.

더 나아가기

가능하면 아이와 함께 열매, 향신초, 채소를 직접 따 보세요. 그리고 직접 딴 식물을 이용해서 요리하는 모습을 보여 주세요. 집에서 사용할 신선한 농산물을 구매할 농장이나 자신만의 장소를 찾아보세요.

말랑말랑 과일 말리기

이 장에서는 식물을 키우는 활동을 하면서 많은 시간을 보냈어요. 이제는 노동의 열매를 즐기면서 마무리하는 게 좋겠네요. 물론 대부분의 과일은 직접 키우려면 오랜 시간이 걸릴 거예요. 하지만 과일이 열리는 식물을 기르고 있다면 좋은 출발점이 될 거예요. 직접 딴 과일로 이 활동을 할 수 있을 테니까요. 그렇지 않으면 아이가 가장 좋아하는 과일을 선택하게 해요. 이 활동은 약간의 시행착오를 거칠 수도 있습니다. 하지만 이것도 재미의 일부예요.

준비물

□ 잘 익은 과일 (예시: 사과, 딸기, 파인애플, 배, 복숭아 등)

□ 필러 (감자칼)

□ 날카로운 칼

□ 오븐 팬 (종이 포일을 바닥에 깔아 주세요.)

활동 방법

① 섭씨 55도에서 70도 정도의 낮은 온도로 오븐을 예열하세요.

② 아이와 함께 과일을 찬물로 깨끗하게 씻어 주세요. 흐르는 물에
씻는 게 좋아요.

③ 사과와 배의 껍질을 깎으면서 아이에게 필러를 사용하는 법을
잘 보여 주세요. 여러분이 칼로 파인애플의 딱딱한 껍질을 잘라
내고, 아이가 딸기의 잎을 제거하게 해요. 복숭아와 자두의 씨
도 제거하세요.

④ 큰 과일들은 일정한 두께로 얇게 썰어요. 딸기처럼 크기가 큰

베리류 과일은 반으로 자르고, 작은 것들은 그대로 둡니다.

⑤ 아이가 오븐 팬에 과일 조각들을 잘 배열하고 오븐에 넣게 해요.

⑥ 이런 식으로 과일을 말리려면 4시간에서 10시간 정도 걸릴 수
있어요. 3~4시간 후에 작은 베리류 과일을 확인하고, 동시에 큰
과일들을 뒤집어 주세요.

만약 오븐에 환풍 기능이 없다면 문을 자주 열어 주세요. 과일의 습기가
날아가면서 생기는 증기를 배출해야 하니까요.

안전 규칙과 워크시트

일반적인 안전 의식과 기본적인 기술들을 익히기 위한 조언과 몇 가지 핵심 활동들을 소개합니다. 활동에 필요한 워크시트도 준비되어 있어요.

안전 규칙과 기본 기술

아이들이 이 책에서 소개하는 활동들을 하려면 광범위한 기술이 필요해요. 예를 들면 물 붓기, 재료 전달하기, 가위 사용하기, 사물을 짝지어 분류하기, 뚜껑 열고 닫기, 측정하기, 섞기 그리고 붙이기 같은 동작들이에요. 이런 동작 중에는 아이들이 이미 익숙하게 느끼는 것들도 있을 거예요. 아이들은 도움이 필요할 수도 있고, 필요하지 않을 수도 있지요. 따라서 부모님이 아이들을 잘 파악하고 있어야 해요. 아이가 각 활동의 많은 단계를 혼자 힘으로 해 보는 것이 중요하지만, 필요한 경우 도움의 손길을 내밀어 주세요.

아이가 주변을 조금 어지럽히더라도 활동 전후에 손 씻기 습관을 들이는 것이 좋아요. 손 씻기는 건강한 삶의 기본이고 세균 감염을 예방해 주니까요. 아래에 올바르게 손을 씻는 방법을 단계별로 소개하고 있어요. 아이에게 손을 깨끗하게 씻는 방법을 가르쳐 주세요. 아이가 손을 씻는 동안에는 우리가 손을 씻어야 하는 이유와 상황을 설명해 줍니다. (화장실을 사용한 후, 식사하기 전, 요리하기 전 등) 올바른 손 씻기는 아이의 평생 습관이 될 거예요.

★ 부엌 싱크대 옆에 작은 의자를 준비하세요. 부모님이 의자 옆에 자리 잡고, 아이가 의자 위에 올라서게 해요. 그리고 부모님이 손을 씻는 모습을 아이에게 보여 주세요. 세면대 또는 주방 싱크대의 배수구를 닫고 따뜻한 물을 틉니다. 부모님이 물의 온도를 먼저 확인해요.

★ 손을 적시고 비누를 문질러 거품을 충분히 만들어요. 비누를 비눗갑에 놓아요. 만약 펌프형 손 세정제를 사용하는 경우라면 아이에게 펌프를 한두 번만 누르면 된다고 말해 주세요.

★ 비누 거품을 손 전체에 천천히 문질러 주세요. 손가락 사이, 손톱 주변, 손등 전체를 잘 씻어야 해요.

★ 부모님이 따뜻한 물로 손을 헹구고 수건으로 손에 있는 물기를 천천히 닦아 내는 모습을 아이가 잘 볼 수 있게 하세요.

★ 더러워진 물을 버리고 깨끗한 물을 준비해요. 아이가 부모님을 따라서 혼자 힘으로 손을 씻게 해요.

앞치마와 보호안경 착용하기

이 책에서 소개하는 모든 활동이 옷을 지저분하게 만들거나 아이의 눈에 위협이 되는 것은 아닙니다. 하지만 앞치마를 두르거나 보호안경을 착용하는 것이 현명하고 재미날 때가 있을 거예요. 어린아이들의 경우에는 고무줄처럼 신축성 있는 소재로 고정된 보호 장비를 사용하는 것이 좋아요. 스스로 묶은 앞치마가 풀려서 방해 받거나, 활동 중에 보호안경이 흘러내려서 주의가 산만해지는 것을 방지할 수 있으니까요.

★ 아이에게 물감, 접착제, 액체 등을 이용한 활동을 할 테니 앞치마나 보호안경을 착용하는 것이 좋겠다고 말해 주세요. 지저분해진 손으로 옷이나 얼굴을 만질 경우에 보호 장비가 막아 줄 거라고 설명해 줍니다.

★ 앞치마는 고무줄처럼 신축성 있는 소재로 만들어진 것이 좋고, 머리 위로 뒤집어쓰는 타바드 형태가 바람직합니다. 앞치마를 아이 앞에 낮은 탁자나 바닥에 놓고 티셔츠를 입는 방식으로

입게 해요. 아이의 팔이 앞치마 옆으로 자연스럽게 미끄러지듯이 빠져나올 거예요.

★ 아이는 2가지 방식으로 보호안경을 착용할 수 있어요.

★ 첫 번째 방식은 안경이 앞을 향하게 한 채로 머리 위로 당겨서 목에 걸게 하는 거예요. 그런 다음 안경을 눈 쪽으로 당겨서 고무줄을 조정하여 귀 뒤로 잘 고정되게 해요.

★ 두 번째 방식은 조금 큰 아이들에게 더 적합할 거예요. 안경을 한 손에 쥐고 다른 한 손으로는 고무줄을 잡아요. 그런 다음 눈 위에 안경을 배치해 광대뼈에 얹고 머리 위로 고무줄을 가져가 안정감 있게 잘 고정하면 됩니다.

재료 옮기기

이 책의 아주 많은 활동에 물을 붓거나 숟가락을 움직이는 것처럼 '재료를 옮기는 동작'이 포함되어 있어요. 아이들이 이런 동작을 하기 위해서는 강한 집중력 그리고 손과 눈의 협응력이 필요해요. 숟가락으로 뜨는 것과 물을 붓는 것 같은 동작들은 음식을 먹고, 준비하고, 요리하는 활동에 필요한 근육의 움직임을 발달시킵니다. 더 나아가 글씨를 쓰는 것처럼 더 복잡한 동작에 필요한 근육을 발달시켜요. 이런 활동들을 위해 크기가 큰 재료로 시작해서 더 미세한 재료들을 다루는 방식으로 훈련하는 것이 좋아요.

물 붓기

★ 아이가 물 붓기 동작을 잘 익히기 위해서는 플라스틱 주전자에 콩을 담은 후에 다른 그릇으로 옮겨 담는 활동으로 시작하는 것이 좋아요. 우선 커다란 플라스틱 주전자에 콩이나 렌틸콩을 3분의 1가량 채우고 비어 있는 플라스틱 주전자의 오른쪽에 두세요.

★ 부모님이 물을 붓는 동작을 시범적으로 보여 주세요. 오른손으로 주전자를 들어 올리고 왼손으로 주전자를 받쳐 주세요. 이제 콩을 왼쪽에 준비한 빈 주전자에 부어요.

★ 주전자를 바꿔서 아이가 이 동작을 하게 도와주세요.

★ 아이가 이 동작에 자신감을 가지면 쌀이나 액체 등의 다른 재료들로 똑같이 해 보세요.

숟가락질

★ 숟가락으로 재료를 옮기는 활동을 할 거예요. 그릇 두 개를 쟁반 위에 올려놓아요. 숟가락은 오른쪽에 둡니다.

★ 왼쪽 그릇에 쌀을 붓고 숟가락으로 쌀을 떠서 오른쪽 그릇으로 옮기기 시작해요. 그릇에 담은 쌀을 모두 옮겨서 빈 그릇이 될 때까지 계속합니다.

★ 그릇의 위치를 바꿉니다. 쌀이 있는 그릇을 왼쪽에 놓아요. 숟가락은 오른쪽에 둡니다. 아이에게 쟁반을 건네주고, 아이가 직접 할 수 있게 합니다.

★ 모래, 설탕, 소금처럼 입자가 더 미세한 재료로 연습을 해 봐요.

지금까지의 설명은 오른손잡이를 위한 거예요. 부모님이나 아이가 왼손잡이라면 주전자, 그릇, 숟가락의 시작 위치를 반대로 하면 됩니다.

가위로 자르기

종잇조각을 둘로 자르는 동작은 대부분의 아이가 상대적으로 쉽게 할 수 있어요. 하지만 주의를 기울여서 정교하게 자르는 것은 또 다른 문제입니다. 이 활동에서는 표시된 직선을 따라 자르고, 가위를 조심스럽게 사용하고, 자르는 동작을 하면서 종이를 움직이는 방법을 배웁니다.

가위를 다루는 방법

가위로 자르는 활동을 하기 전에 아이들은 가위를 안전하게 다루는 방법을 배워야 해요. 가위를 옮길 때는 가위의 날을 접고 손 전체로 가위를 감싸듯이 쥐어야 한다고 가르쳐 주세요. 가위를 다른 사람에게 건네줄 때는 손잡이 부분이 상대방을 향해야 해요. 이 동작을 아이에게 보여 주세요.

종이 한 장을 가로로 다섯 조각으로 자릅니다. 눈금자와 펠트펜을 사용하여 각각의 종잇조각 가운데에 아래로 직선을 그어요.

가위를 들고 아이에게 가위를 잡는 법을 보여 주세요. 가위를 접고 펴는 동작을 보여 줍니다.

한 손으로 종잇조각을 잡고 선을 따라서 천천히 자릅니다. 부모님이 종이를 자르면서 종이를 움직이는 동작을 아이에게 보여 주세요. 아이는 이 동작이 종이를 수월하게 자르도록 도와준다는 것을 배울 거예요.

가위를 접고 펴는 동작을 과장해서 보여 주세요. 아이는 가위로 종이를 자르기 위해서 이 동작이 필요하다는 것을 알게 됩니다. 종잇조각을 하나 더 잘라 보세요.

TIP

가위를 사용하는 활동을 할 때는 아이를 꼼꼼하게 감독해야 해요. 가위를 잘못 사용하면 위험하다는 것을 잘 설명해 주세요. 아이가 가위를 올바르게 사용하지 못하면 가위를 치우고 나중에 다시 시작하세요.

워크시트

유아이북스 블로그
(www.uibooks.co.kr)의
'자료 다운로드' 메뉴에서
직접 내려받아 사용하실 수 있습니다.

워크시트 1

끈적끈적 아기 다람쥐 (31쪽)

워크시트를 복사해요. 아기 다람쥐 찍찍이 밑그림에 색을 칠한 후에

오려 냅니다.

워크시트 2

나뭇잎 짝짓기 (111쪽)

워크시트를 2장 복사하고 각 장을 카드 종이에 붙이세요. 각 카드를
활동 방법대로 색칠하고나서 카드를 조심스럽게 오려 냅니다.

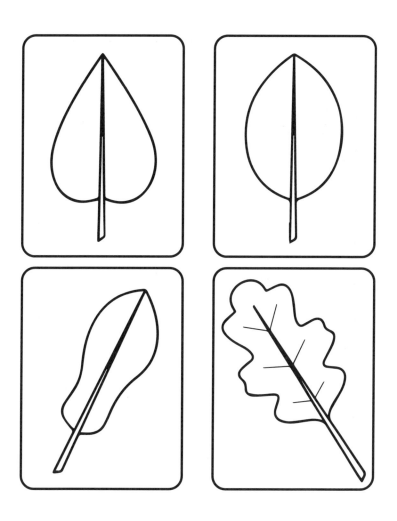

워크시트 3

보물 지도를 만들어요 (139쪽)

위크시트를 A3 크기의 종이에 복사하세요.

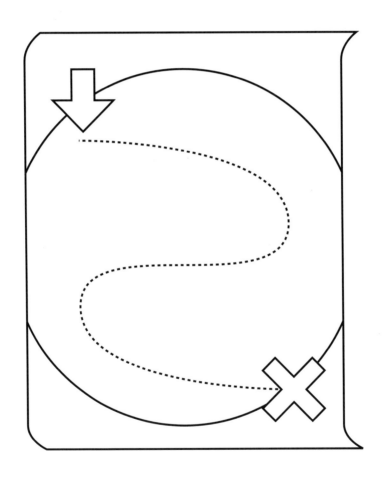

워크시트 4

꽃으로 퍼즐을 맞춰요 (177쪽)

워크시트를 2장 복사하세요. 각 워크시트에 있는 꽃의 밑그림에 색을
칠하고 활동 방법대로 꽃 퍼즐을 만들어 보세요.

| 꽃잎 | 뿌리 | 줄기 | 잎사귀 | 씨방 | 수술 | 암술머리 |

워크시트 5

나만의 씨앗 주머니 (204쪽)

가로 20cm × 세로 20cm 크기의 정사각형 종이로 시작하세요.

활동 방법대로 종이를 접으면 씨주머니를 만들 수 있어요.

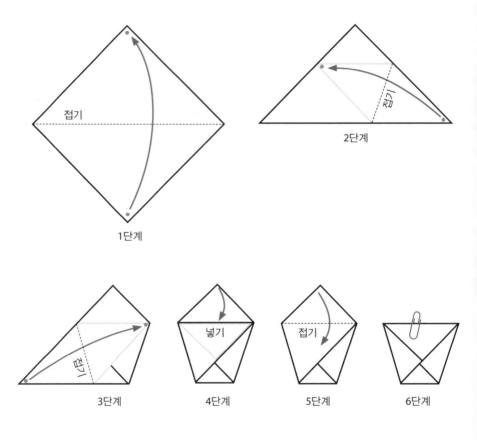

창의력과 호기심 발달을 위한

과학개념을 익히는
몬테소리 자연 놀이

1판 1쇄 인쇄 2023년 3월 15일
1판 1쇄 발행 2023년 3월 20일

지은이 마자 피타믹
옮긴이 오광일
펴낸이 이윤규

펴낸곳 유아이북스
출판등록 2012년 4월 2일
주소 (우) 04317 서울시 용산구 효창원로 64길 6
전화 (02) 704-2521
팩스 (02) 715-3536
이메일 uibooks@uibooks.co.kr

ISBN 979-11-6322-086-2 03370
값 18,000원